新 版

東南アジアの経済発展と世界金融危機

アジア通貨危機からコロナショックまで

橋本 雄一 著

古今書院

シンガポールのコンテナターミナル
1998年筆者撮影.

Economic Development in Southeast Asia and the Global Financial Crisis

From the Asian Currency Crisis to the Coronavirus Shock

Yuichi HASHIMOTO

Kokon-Shoin, Publisher, Tokyo, 2024

はしがき

　2005年に出版した拙著『マレーシアの経済発展とアジア通貨危機』では1990年代後半に発生したアジア通貨危機を中心にマレーシアの経済発展と，それに伴う諸問題を論じた。2014に出版した拙著『東南アジアの経済発展と世界金融危機』では，これに2000年代後半に発生した世界金融危機を加え，東南アジア各国の経済発展と諸問題を論じた。本書は，これらに新型コロナウィルス感染拡大で2020年代初頭に発生したコロナショックを加えて，「経済災害」とでも呼ぶべき経済的な危機を経験した東南アジアの動向を俯瞰し，その中で進む知識経済化の流れなどについて解説する。

　本書の狙いは，前著と同じくアジア通貨危機，世界金融危機，コロナショックを対象とし，経済学や政治学の研究者と議論を行うための共有すべき知識を提供することである。特に，その中でマネー経済の動向が実体経済に与えた影響を盛り込みたいと考えた。なお本書の内容は，アジア経済研究所が実施した1996年および1998年の国別通商政策研究事業と，2001年のアジア産業ネットワーク研究事業において筆者が行った研究成果を基礎とし，その後の調査結果を加えたものである。

　本書は10章構成となっており，第1章では経済グローバル化や多国籍企業の展開についての基礎的な考え方を，第2章ではマレー半島の歴史を概観した上でマレーシアにおける政策と経済成長との関係を説明する。次に，第3章では1990年代後半のアジア通貨危機，第4章では2000年代後半の世界金融危機，第5章では2020年代初頭のコロナショックを取り上げ，これら経済的な危機が進展した経緯と東南アジア経済への影響を解説する。さらに，第6章では天然ゴムとパームオイルを事例に東南アジアにおける一次産品の生産と輸出を，第7章では経済成長を支える港湾インフラ整備について述べる。第8章では，シンガポールとマレーシアを事例として知的クラスター形成など知識経済化の流れを整理し，第9章では国際的に知的財産権制度が整備される中での東南アジア

の特許出願から知識経済化の成果をみる。最後に第 10 章では，これまでの結果から，経済グローバル化の中で 3 つの経済的な危機を経験した東南アジアの経済変化を明らかにした上で，自然災害の概念を適用して結果の整理を行う。

　本書の執筆にあたっては，多くの方々にお世話になった。CEIC Data Company Limited には CEIC データベースの使用を快くお認めいただいた。このデータベースなしに本書を執筆することは困難であった。また，田代憲生氏には利用手続きを含め多大なご助力をいただいた。JETRO アジア経済研究所の熊谷 聡氏には，1996 年の海外調査から現在に至るまでご教授いただいており，氏の著書や論文は常に研究上の重要な参考文献となっている。星槎道都大学の塩﨑大輔先生からは本書に関して数多くの有益なご意見をいただいた。北海道大学大学院文学院修士課程の牛崎裕大氏からは，最近のシンガポールやマレーシアの写真を提供していただいた。ここに記して深く感謝を申し上げる。

　最後に，本書の編集および刊行に際して，御尽力下さった古今書院社長の橋本寿資氏と，編集の労をとっていただいた同編集部の関　秀明氏に心より御礼申し上げる。

2024 年 9 月 16 日
橋本　雄一

写真 1　『マレーシアの経済発展と
アジア通貨危機』の表紙写真
マレーシア，クアラルンプールの KLCC にある
ペトロナスツインタワー。(1998 年 8 月筆者撮影)

写真 2　『東南アジアの経済発展と
世界金融危機』の表紙写真
マレーシア，クアラルンプールで開発中
の KLCC。(1996 年 8 月筆者撮影)

目　次

はしがき　i

第1章　はじめに ──────────── 1
1. 経済グローバル化と多国籍企業の展開　1
   - 1-1　経済グローバル化
   - 1-2　グローバル化のモデル
2. 経済グローバル化と知的クラスター形成　4

第2章　マレー半島の歴史 ──────────── 11
1. 植民地時代のマレー半島　11
2. マレーシアの成立とシンガポールの分離　15
3. 独立後のマレーシアの経済政策　17
   - 3-1　輸入代替工業化戦略と複線型工業化戦略
   - 3-2　ルック・イースト政策と選択的第2次輸入代替工業化戦略
   - 3-3　プラザ合意と民間主導型工業化戦略
   - 3-4　「成長の三角地帯」の形成
   - 3-5　国家開発政策と第2次工業化マスタープラン
4. マレーシアにおける日系企業の進出　26

第3章　アジア通貨危機の東南アジア経済への影響 ──────────── 38
1. アジア経済の発展　38
2. 経常収支の赤字増大と貿易悪化　40
3. 通貨危機の発生　41
4. アジア諸国への通貨危機の波及　42
5. マレーシアにおける通貨危機　50
   - 5-1　通貨危機の発生

5-2　通貨危機への対応
　　　5-3　マレーシアの通貨危機モデル
　6. アジア通貨危機の特徴　56

第 4 章　世界金融危機の東南アジア経済への影響 ───── 63
　1. 米国における住宅バブルと証券化商品　63
　　　1-1　ITバブルと住宅バブル
　　　1-2　証券化商品の登場
　　　1-3　証券化商品の信用補完
　　　1-4　証券化商品によるリスクの拡散
　2. サブプライム問題の発生　67
　3. 世界金融危機の顕在化　70
　4. 世界金融危機の東南アジアの金融への影響　72
　5. 世界金融危機の東南アジアの実体経済への影響　76

第 5 章　コロナショックの東南アジア経済への影響 ───── 82
　1. 人口ボーナス期に入った東南アジア諸国　82
　2. 新型コロナウィルス感染症（COVID-19）の感染拡大　86
　3. コロナショックによる経済への影響　89
　　　3-1　コロナショックの発生
　　　3-2　各国の感染対策と経済状況
　4. コロナショックによる各国通貨の変動　97
　5. コロナショックの経済モデル　98

第 6 章　東南アジアにおける一次産品の生産と輸出 ───── 102
　1. マレー半島における一次産品生産の歴史　102
　　　1-1　天然ゴム生産の歴史
　　　1-2　パームオイル生産の歴史
　　　1-3　高度経済成長期の一次産品輸出
　　　1-4　アジア通貨危機以降の一次産品輸出

2. 天然ゴムの生産と貿易　108
　　　　2-1　天然ゴムの生産
　　　　2-2　天然ゴムの輸出
　　3. パームオイル　111
　　　　3-1　パームオイルの生産
　　　　3-2　パームオイルの輸出

第7章　マレー半島における港湾整備と地域開発 ── 118
　　1. 東南アジア諸国における輸出入の変化　118
　　2. 港湾に関するマレーシアと周辺国との連携　123
　　　　2-1　クラン港の開発
　　　　2-2　タンジュンペラパス港の開発
　　　　2-3　イスカンダル開発計画
　　3. マラッカ海峡における船舶の安全対策強化　127

第8章　東南アジアにおける知識経済化 ── 131
　　1. シンガポールにおける知識経済化　131
　　　　1-1　1990年代のITクラスター形成
　　　　1-2　2000年代のバイオメディカルクラスター形成
　　　　1-3　研究・技術革新・企業計画による知識経済化
　　2. マレーシアにおける知識経済化　135
　　　　2-1　第3次長期展望計画と国家ビジョン政策
　　　　2-2　マルチメディア・スーパー・コリドーの形成と
　　　　　　　マレーシア・デジタルへの移行
　　　　2-3　アジア通貨危機後におけるマレーシア計画と知識経済化
　　　　2-4　マレーシア南部のイスカンダル開発地域

第9章　知的財産権に関する制度整備と特許出願 ── 144
　　1. 知的財産権に関する国際条約　144
　　2. 米国の知的財産権政策　146

2-1　産業競争力委員会の設置とヤングレポート
　　　2-2　知的財産権保護の強化と特許摩擦
　3. 主要国の特許出願動向　150
　　　3-1　特許出願件数の推移
　　　3-2　主要国からの技術別特許出願の推移
　4. 東南アジアの特許出願動向　154
　　　4-1　東南アジア諸国の特許出願
　　　4-2　東南アジア諸国からの技術別特許出願の推移
　5. 特許出願とGDPとの関係　159
　6. 知識経済化と特許出願　161

第10章　おわりに　── 166
　1. 資本と生産・貿易　166
　2. 経済的危機のモデル　168
　3. 災害としての経済的危機　171

　索　引　177

第 1 章

はじめに

1. 経済グローバル化と多国籍企業の展開
1-1 経済グローバル化

　経済グローバル化（Globalization）は，様々な経済主体の効率性の追求が，国家や地域の境界を越えて地球規模で行われるようになることである。これは，財やサービスの貿易拡大，資本移動の大規模化，多国籍企業の展開などによって進展し，情報通信コストの低下や，国家間における制度の差異縮小により促進された（経済企画庁総合計画局編，1999；世界銀行，2004）。

　経済グローバル化の背景には，1980年代に各国で行われた貿易，投資，金融などの自由化や規制緩和の取り組みがあった。これらの取り組みは，1980年代初頭に先進国間で拡大した後に，開発途上国や社会主義国の経済政策にも盛り込まれるようになった。各国の自由化や規制緩和に関する制度整備により，多国籍企業による国際ネットワーク形成は急速に進み，経済活動は国境を越えて広がった（森澤ほか，2000）。

　現在，多国籍企業は国家間における経済的競争の主体となっており，その経営や技術開発などの背景には国家戦略がある[1]。また，空間的にみると国家は通貨の流通範囲であり，そこでは政府や中央銀行が金利や通貨管理などの金融政策で大きな役割を果たしている（高木，2002）。そのため国家は，グローバル化の進展や多国籍企業の展開に関する経済分析で重要な要素となり，多くの研究で分析単位として用いられている。

1-2 グローバル化のモデル
（1）プロダクト・サイクル論

　製造業のグローバル化に関する研究には，国家間における産業集積の違いや

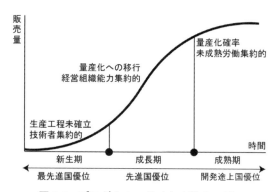

図 1-1　プロダクト・サイクル論のモデル
Vernon（1979），井沢（1996）により作成。

経済成長のタイムラグに注目し，それによって国際的動向の解明を試みたものが数多く含まれる[2]。この研究の代表的な理論的枠組みとして，プロダクト・サイクル論（Product Cycle Theory）がある。

Vernon（1966，1979）のプロダクト・サイクル論は，技術格差などに着目して国際的分業の展開を説明しており，商品の開発と成熟が米国，他の先進国，開発途上国という順番で，タイムラグをもって進行することを示している（図1-1）。この理論では，製品が開発されてから他の新製品に置き換えられるまでの過程が，(1) 市場に受け入れられるまでの新生期，(2) 市場での成長期，(3) 需要を満たした成熟期の3つに区分される。その過程で，国内需要を越える製品は米国から海外に輸出され，後に生産拠点が他の先進国に移ると，米国は製品を輸入するようになる。さらに，同製品の標準化が進むと，生産拠点は開発途上国に移転する（井沢，1996）。このようにプロダクト・サイクル論は，米国で開発された製品が標準化するまでの期間において，生産拠点がシフトしていく過程を解説し，国際分業を説明するモデルとして扱われている[3]。

（2）雁行型発展論

プロダクト・サイクル論と同じく，先進国と開発途上国との間の技術格差や生産のタイムラグについて説明したモデルとして赤松（1965）の雁行型発展論（Flying Geese Model）がある。このモデルでは，任意の国における工業化の進

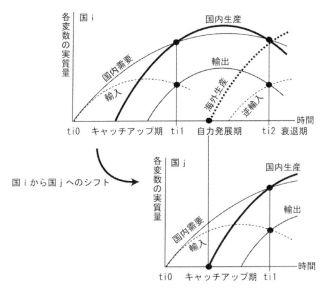

図 1-2　雁行型発展論のモデル
小島（2003）により作成。

展が，(1) 消費財の輸入，(2) 国内生産による輸入代替，(3) 輸出という過程で説明されている。さらに，生産財もタイムラグを持って消費財と同じ過程をたどることや，国際的に比較優位を維持できなくなった産業が海外に移転するということなども示されている（図 1-2）。プロダクト・サイクル論が，先進国企業による技術革新と開発途上国への直接投資を説明しているのに比べて，雁行型発展モデルは，開発途上国の輸入技術による追い上げ過程を説明していることに特色がある[4]（小島，1977, 1981, 2000）。

1990 年代におけるアジアの高度経済成長について，多くの研究が両モデルの枠組みで検討を行ってきた。たとえば世界銀行（1994）は，開放経済化（輸入自由化，輸出振興，外資流入）の下で急速に資本蓄積が進み，効率的に資源が配分されて（産業構造の高度化），生産性（全要素生産性）が高い伸びを示すという好循環が，アジア諸国に高度経済成長をもたらしたと述べており，この内容を小島（2003）は雁行型発展論に沿った動向として解釈した。また，鈴木（1999）や伊藤・古田（2000）も，日本の対外直接投資が国内の組立型産業

の成熟・衰退化を進めることを雁行型発展論により説明した。

しかし井沢（1996）は，近年の多国籍企業が新製品を開発すると，ほとんどタイムラグなしで開発途上国に生産拠点を移すため，上記モデルでは説明できなくなったことを指摘した。また，渡辺（1996）は，先進国で開発された新商品の生産拠点が，すぐに高い技術習得能力をもつ開発途上国へ移転し，中間的な工業国には移転しない「プロダクト・サイクルの圧縮」が起きていることを述べた[5]。さらに，櫻谷（1997），北原ほか（2000），三木（2005）は，東南アジア諸国が外資に依存することで技術や資本の不足という制約を免れ，様々な産業がほぼ同時に発展するという，圧縮された発展を遂げたことを明らかにした[6]。

これら研究は，プロダクト・サイクル論や雁行型発展論に，詳細な生産工程を要素として加える必要を指摘したものである。これまでのモデルでは，業種間にみられる成長の違いや海外移転のタイムラグが問題とされていた。しかし，国際的分業の進んだ現代では，生産工程における研究開発（R&D），部品生産，組み立てなど各部門についての成長や，海外で生産拠点を構築して機能を移転させる際のタイムラグも問題となる。これを前述した2つのモデルに当てはめると，先進国で製造していた電子・電機機器の最終組み立て部門が開発途上国に移転し，次に部品製造部門が，最後にはR&D部門が移転する形態にシフトしたという理解も可能と思われる。

2. 経済グローバル化と知的クラスター形成

経済グローバル化の進展は，開発途上国の経済を発展させるという点では大きなメリットがあるものの，1990年代後半に発生したアジア通貨危機，2000年代後半に起きた世界金融危機，2020年代初頭に起きたコロナショックのように，多くの国の経済的にマイナスの影響を与える場合もある[7]。この経済グローバル化に伴って生起した経済的な危機には，地域や都市などローカルなレベルでの機能集積により，国家としての経済基盤の強化をはかり，経済的な危機への抵抗力を上昇させることが重要な対応策と考えられる（川波，2001）。

この考え方として有名なのはマイケル・ポーター（Michael E. Porter）の競争優位に関する研究であり，Porter（1985, 1986, 1990, 1998）では，国よりも狭

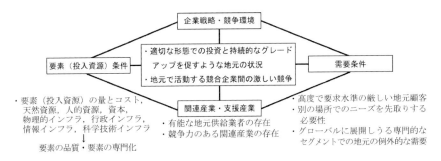

図 1-3 マイケル・ポーターによる地域の競争優位
Porter（1985）により作成。

い範囲の地域に焦点を合わせた議論が行われた。なかでも Porter（1985）は，図 1-3 のように，グローバル化が進む現代における企業の競争優位性を地理的近接性から解説した。輸送や通信の手段が発達したことで，世界中から経営資源の調達が可能となったため，グローバル化の中での競争優位は，他の地域に立地する企業にはないローカルな要因が重要となっているというのがクラスター（Cluster）に関する考え方である。

知識集約型産業のクラスターである知的クラスターは，製品の生産拠点というよりも，技術革新に繋がる知的財産が効率的かつ連続的に創出される地域であり，共通の目的をもつ企業が集積して知的連携ネットワークを結んでいることが特徴である。この知的クラスターの重要性が認識されるようになったのは，関下（2002）や石倉ほか（2003）が指摘するように，低コストのみに競争優位を置く企業の経営戦略が限界に来ていることによる。

政策的な知的クラスターの形成過程について，朽木（2007）を参考に整理すると図 1-4 のようになる。第 1 段階としては，工業団地や輸出加工区においてキャパシティ・ビルディングが行われ，それによって核となる企業（アンカー企業）が誘致され，その周辺に関連企業が集積することで，産業クラスターが形成される。第 2 段階としては，この産業クラスター内部で研究部門が増加し，研究にふさわしいキャパシティ・ビルディングが行わることで核となる人材（アンカーパーソン）が集まり，知的クラスターが形成される。ただし，朽木（2007）によれば，この形成過程は従来の製造業を対象としたもので，IT 産業やバイ

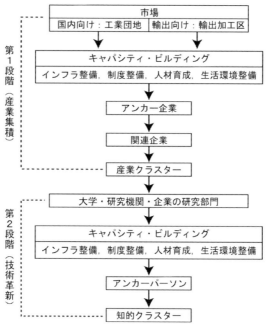

図1-4 知的クラスター政策に関するフローチャート
朽木（2007）により作成。

オ産業のような最先端の産業には当てはまらないとされている。

　技術の革新過程では，市場や社会の動向を適切に捉えることが重要である。しかし，電気通信メディアでは，明示化が可能である情報しか伝えることができないため，明示化が困難な市場ニーズや社会動向を詳細に伝えることは不可能である。そこで，クラスターのように特定の地域に企業が集中するのは，明示化できない情報の共有化による有利さを求めてのことと考えられる。特に，クラスター内における対話を通じた集団的学習が重要であり，これが地域における社会インフラとなることで，知的クラスターは高い国際競争力をもつ（総合研究開発機構，2001；藤川，2002；瀬戸岡，2003）。また，クラスターでは内部の知識移転を促進するために，ネットワークや法制度などの社会基盤整備が重要な条件となる。グローバル化が進展する現代において，知的クラスター形成は国家的な競争力に結びつき，経済的な危機への抵抗力をつける有効な方

策になる。なお，このクラスターにもライフサイクルがあり，現代の発展に対応できなくなるとクラスターのもつ利点が欠点に変わり，クラスターは衰退する可能性がある（Menzel, M. and Fornahl, D., 2009）。

　以上のような国際的分業の進展，生産拠点の国外移転，産業クラスターの形成などの視点で，グローバル化が進む東南アジア経済の実態を解明するためには，世界，国，地域など異なるレベルの経済的動向を把握し，それらの連携について考察することが必要となる（橋本，2005）。そこで本書は，国レベルの動向（政策決定，インフラ整備など）を中心とし，それより上位にある世界レベルの動向（資本の流動，多国籍企業の展開，経済的な危機の発生など）や，下位にある地域レベルの動向（産業集積や知的クラスター形成など）をあわせて考察することで東南アジア経済の変化を明らかにする。さらに本書は，経済のグローバル化が進展する中で発生した1990年代後半のアジア通貨危機，2000年代後半の世界金融危機，2020年代初頭のコロナショックという「経済災害」（Economic Disaster）と呼ぶべき3つの経済的な危機が東南アジア経済に与えた影響について解説する。

注
1) 1985年のプラザ合意による円高以降，日系企業の東南アジア展開が活発化した（鈴木，1994）。この日系企業のグローバル化研究については，日本的経営や日本的生産システムの移転および現地化の進展に関する研究，多国籍企業同士のグローバルな提携や分業などの変化に関する研究，国際的な競争条件の変化によって生じた新たな国際競争の構造に関する研究などが行われた。これら研究の中で，鈴木（1999）やAoyama（2000）は，マレーシアなど各国政府の積極的な外資導入政策により，下請を含む現地工場の技術力の向上や熟練労働力の形成がみられる地域が生まれ，進出企業は東南アジア内で工程間分業を実施するようになったことを報告した。また，鍬塚（2001，2002）は，企業の東南アジア展開においてシンガポール地域事務所が大きな役割をもつことを明らかにした。
2) この研究動向をまとめた平（2005）によると，Vernon（1966, 1979），Dunning（1980），Rugman（1981），Rugmanほか（1985）などが多国籍企業の生成理由や産業面・企業組織面での優位性などについての議論を展開した後に，Porter（1986）などが空間的特性を合わせて経済地理学的観点での議論を行ったとされる。
3) 井沢（1996）によると，1980年代半ばまでの動向として，米国の多国籍企業は，プロダクト・サイクル的な特徴をもつものが多いが，日本の多国籍企業は，輸出代替による進出，輸出基地の確保といった目的のものが多く，プロダクト・サイクル的な展開は少なかったとされる。このような両国における多国籍企業の海外展開の違いは，鈴木（1996）や中

川（1997）の分析によっても指摘されている．
4) これらと類似したものとして，篠原（1996）のモデルがあり，これは日本を例として，輸入，国内生産，輸出，直接投資，ブーメラン・海外生産増大，空洞化という順番で産業が変化することを説明している．
5) 渡辺（1996）によると，Vernon 自身が，この圧縮に関心を寄せていたとされる．
6) 雁行型発展に対する他の否定的意見としては青木（2000）があり，これは日系企業の生産拠点シフトを，脱国境化した生産過程の一部移転，あるいは最先端の技術革新を行っている場と最終組立地の場との空間的分離として捉えている．アジア諸国は，資本財や中間財の生産力が低いため，これらを日本などの先進国から輸入することで経済成長を持続しており，このような国際的分業体制への移行を雁行型発展として解釈できないというのが当該研究の指摘である．熊谷（2002）が指摘するように，経済がグローバル化する中で，地理的な意味での国家の生産活動と，特定の国籍をもつ人および企業の生産活動とが一致しなくなっている状況にあることから，従来のモデルも修正する必要が生じている．
7) 情報・通信コストの低下，各国の規制緩和の進展，企業活動の国際的展開に加え，金融資産の蓄積と金融仲介技術の進歩などによって，金融面のグローバリゼーションが進展した．金融のグローバリゼーションの進展は，世界的な資源配分の効率化を促すものとして期待されるが，実体経済以上の巨額な資本取引を可能にすることで，アジア通貨危機にみられるような資本の大量かつ急激な流出入が一国経済に深刻な困難を引き起こす可能性も高まった（石筒，2000）．

参考文献
青木　健（2000）：『アジア経済　持続的成長の途』日本評論社．
赤松　要（1965）：『世界経済論』国元書房．
井沢良智（1996）：『日本企業　グローバル化の構図』学文社．
石倉洋子，藤田昌久，前田　昇，金井一頼（2003）：『日本の産業クラスター戦略』有斐閣．
石筒　覚（2000）：産業集積と日系企業―マレーシア・エレクトロニクス産業の事例―．森澤恵子，植田浩史編『グローバル競争とローカライゼーション』東京大学出版会，109-130．
伊藤隆敏，古田充志（2000）：構造変化を伴う東アジアの成長―新古典派成長論と雁行形態論―．エコノミック・リサーチ，1-25．
川波洋一（2001）：国際金融危機からの回復と構造改革への取り組み―アジアにおけるグローバリズムとリージョナリズムの相克―．矢田俊文，川波洋一，辻　雅男，石田　修編：『グローバル経済下の地域構造』九州大学出版会，63-82．
北原　淳，西口清勝，藤田和子，米倉昭夫（2000）：『東南アジアの経済』世界思想社．
朽木昭文（2007）：『アジア産業クラスター論―フローチャート・アプローチの可能性』書籍工房早山．
熊谷　聡（2002）：中国と日本，アジアの貿易補完関係．財務省財務総合政策研究所編：『アジアの新たなる経済展望』財務省財務総合政策研究所，105-139．
鍬塚健太郎（2001）：日本電機企業の東南アジア展開にともなうシンガポール地域オフィスの形成とその役割．地理学評論，74A，179-201．

鍬塚健太郎（2002）：日本電機企業による国際調達機能の配置とシンガポールの部品調達拠点化．地誌研年報，11，33-56．
経済企画庁総合計画局編（1999）：『通貨金融危機の克服と21世紀の経済安定化に向けて』経済企画庁総合計画局．
小島　清（1977）：『海外直接投資論』ダイヤモンド社．
小島　清（1981）：『多国籍企業の直接投資』ダイヤモンド社．
小島　清（2000）：雁行型経済発展論・再検討．駿河台経済論集, 9(2), 75-136．
小島　清（2003）：『雁行型経済発展論』文眞堂．
櫻谷勝美（1997）：マレーシア電機産業とイントラ・アジア貿易．中川信義編：『イントラ・アジア貿易と新工業化』東京大学出版会，131-161．
篠原三代平（1996）：『経済学入門（下）』（第5版）日本経済新聞社．
鈴木典比古（1996）：『多国籍企業と国際関係の統合理論』国際書院．
鈴木洋太郎（1994）：『多国籍企業の立地と世界経済　－インターナショナル・ロケーションの研究－』大明堂．
鈴木洋太郎（1999）：『産業立地のグローバル化』大明堂．
世界銀行（1994）：『東アジアの奇跡　経済成長と政府の役割』東洋経済新報社．
世界銀行（2004）：『グローバリゼーションと経済開発』東洋経済新報社．シュプリンガー・フェアラーク東京．The World Bank（2002）: *Globalization, Growth, and Poverty: Building an Inclusive World Economy*. The World Bank and Oxford University Press.
関下　稔（2002）：『現代多国籍企業のグローバル構造』文眞堂．
瀬戸岡紘（2003）：新興経済の貿易・投資政策―経済的自立に向けて―．板垣文夫，岩田勝雄，瀬戸岡紘編：『グローバル時代の貿易と投資』桜井書店，189-205．
総合研究開発機構（2001）：『東アジアにおける知的クラスター創出に関する研究』総合研究開発機構．
平　篤志（2005）：『日本系企業の海外立地展開と戦略』古今書院．
高木彰彦（2002）：グローバルな空間はどうして作られたか．水岡不二雄編『経済・社会の地理学』有斐閣アルマ，101-128．
中川信義（1997）：日本多国籍企業とイントラ・アジア貿易．中川信義編：『イントラ・アジア貿易と新工業化』東京大学出版会，1-39．
橋本雄一（2005）：『マレーシアの経済発展とアジア通貨危機』古今書院．
藤川昇悟（2002）：ローカリゼーション―集積論の新しい潮流．松原　宏編：『立地論入門』古今書院，86-97．
三木敏夫（2005）：『ASEAN先進経済論序説―マレーシア先進国への道―』現代図書．
森澤恵子，植田浩史，長尾謙吉（2000）：グローバル・ローカライゼーション．森澤恵子，植田浩史編：『グローバル競争とローカライゼーション』東京大学出版会，3-21．
渡辺利夫（1996）：『開発経済学（第2版）経済学と現代アジア』日本評論社．
Aoyama, Y.（2000）: Networks, keiretsu, and locations of the Japanese electronics industry in Asia. *Environment and Planning* A,32, 223-244.
Dunning, J. H.（1980）: Towards an eclectic theory of international production: some empirical tests. *Journal of International Business Studies*, 11, 9-31.

Menzel, M. and Fornahl, D. (2009): Cluster life cycles-dimensions and rationales of cluster evolution. *Industrial and Corporate Change*, 19(1), 205–238.

Porter, M.E.（1985）: *Competitive Advantage.* The Free Press. ポーター，M.E. 著，土岐　坤・中辻萬治・小野寺武夫訳（1985）:『競争優位の戦略』ダイヤモンド社.

Porter M.E. ed.（1986）: *Competition in Global Industries.* Harvard Business School Press. ポーター，M.E. 著，土岐　坤・中辻萬治・小野寺武夫訳（1989）:『グローバル企業の競争戦略』ダイヤモンド社.

Porter, M.E.（1990）: *The Competitive Advantage of Nations.* The Free Press. ポーター，M.E. 著，土岐　坤・中辻萬治・小野寺武夫訳（1992）:『国の競争優位（上）（下）』ダイヤモンド社.

Porter, M.E.（1998）: *Clusters and the New Economics of Competition.* Harvard Business School Press（PDF）.

Rugman, A.M.（1981）: *Inside the Multinationals: the Economics of Internal Markets.* Columbia University Press. ラグマン，A.M. 著, 江夏健一，中島　潤, 有沢孝義, 藤沢武夫訳（1983）:『多国籍企業と内部化理論』ミネルヴァ書房.

Rugman, A.M., Lecraw, D.J. and Booth, LD.（1985）: *International Business: Firm and Environment.* McGraw-Hill. ラグマン，A.M.，ブース，L.D.，ルクロウ，D.J. 著, 中島　潤, 江夏健一, 安室憲一訳（1987）:『インターナショナル・ビジネス－企業と環境（上）（下）』マグロウヒル社.

Vernon, R.（1966）: International investment and international trade in the product cycle. *Quarterly Journal of Economics*, 80, 190-207.

Vernon, R.（1979）: The product cycle hypothesis in a new international environment. *Oxford Bulletin of Economics and Statistics*, 41, 255-268.

第 2 章

マレー半島の歴史

1. 植民地時代のマレー半島

　本章では，マレー半島を事例として，外資主導による経済発展を続けてきた東南アジアの歴史的な特徴をみる（表2-1）。

　マレー半島では，1403年頃，パレンバンの王族であったパラメスワラ（Parameswara）によりマラッカ王国が樹立された[1]。この王国は，東アジアから南アジアへ絹，生糸，陶磁器などを，南アジアから東アジアへ香料，香辛料，綿織物などを輸送する際の中継地として発展した（川崎，1996）。

　16世紀にはマレー半島にヨーロッパ勢力が進出し，1511年にはポルトガルがマラッカ王国を占領して要塞を築いた（別技，1972）（写真2-1）。1641年までの間，ポルトガルはマラッカ，ゴア，ホルムズを拠点としてインド洋を統制下に置き，コショウ，ナツメグ，チョウジなどの香辛料をヨーロッパ市場に運ぶ貿易を行った（弘末，2004）。1596年からコショウの買い付けなどで東南アジアに進出したオランダは[2]，1606年にマラッカ海峡においてポルトガル艦

写真2-1　ポルトガル統治時代につくられたサンチャゴ砦
1996年マラッカにて筆者撮影。

写真2-2　オランダ統治時代につくられたキリスト教会
1996年マラッカにて筆者撮影。

表2-1 マレー半島およびマレーシアの歴史

(年)	
7世紀後半	スリウィジャヤ王国の建国
1293	ジャワにマジャパイト王国成立
13世紀末	スマトラのイスラム化が始まる
14世紀	マジャパイト王国によるスリウィジャヤ王国制圧
1403頃	マラッカ王国の成立
1414	マラッカ王イスラム教に改宗
1419	マラッカ王イスカンダル・シャーが明に入朝
1509	ポルトガル船マラッカに初来航
1511	ポルトガルによるマラッカ占領
1545	フランシスコ・ザビエルのマラッカ来訪
1609	オランダがジャワ総督を置く
1615	ポルトガル軍、マラッカ海峡でオランダ軍に敗北
1619	オランダがバタビアを建設
1635	オランダがマルク諸島で香料生産統制
1641	オランダによるマラッカ占領
1667	マラヤの錫がアムステルダム市場に出荷される
1757	インド洋でプラッシーの戦い
1786	イギリスによるペナン島領有の条約締結
1795	イギリスによるマラッカ占領
1800	イギリス東インド会社がペナン島の対岸地域を獲得
1811	イギリスのジャワ占領
1813	イギリス東インド会社が東南アジア島嶼部の貿易独占廃止
1814	ロンドン協定によりイギリスは旧オランダ植民地を返還
1819	イギリスがシンガポールを領有
1824	英蘭条約締結、オランダ、マラッカをイギリスに割譲
1826	マラッカ、ペナンが自由港となる
1832	海峡植民地の名称が使用され始める
1833	インド契約労働者の流入始まる
1841	ジェームズ・ブルック、サラワクの白人王となる
1844	ボルネオ東岸がオランダ領となる
1846	ブルネイ、ラブアンをイギリスに割譲
1848	ラルトの錫鉱山開発と華人労働者の流入が始まる
1853	イギリス東インド会社解散、インド省が海峡植民地を直轄
1858	海峡植民地、イギリス議会に植民者への移管を請願
1866	海峡直轄植民地移管法案成立
1877	ゴムの苗木がシンガポールにもたらされる
1880	クアラルンプールがセランゴールの理事官駐在地となる
1891	イギリスとオランダがシブクとタワウの間に国境線画定
1896	マラヤ連合州成立
1898	北ボルネオ、サラワク、ブルネイ、イギリスの保護領となる
1909	クランタン、トレンガヌ、ケダ、ペルリスがイギリス保護領
1910	北ボルネオ産ゴムの輸出開始
1941	太平洋戦争勃発、日本軍がマレー半島に上陸
1942	日本軍がマレー半島、シンガポール、北ボルネオ、ブルネイを占領
1943	日本がマレー半島北部4州をタイに割譲
1945	日本が無条件降伏、タイが北部4州を返還、イギリス軍政施行、マラヤ連合案発表

(年)	
1946	統一マレー国民組織(UMNO)結成、マラヤ・インド人会議(MIC)結成、北ボルネオ、サラワクがイギリス直轄領となる
1948	マラヤ連邦発足、憲法公布、マラヤ共産党の武装蜂起により非常事態宣言
1949	マラヤ華人協会(MCA)設立
1952	UMNOとMCAの連合成立
1954	UMNO、MCA、MICの連合(連合党)成立
1955	連合党がマラヤ総選挙で大勝
1957	マラヤ連邦が完全独立、トゥンク・アブドゥル・ラーマン初代首相
1963	マレーシア連邦(マラヤ連邦、シンガポール、サバ、サラワク)結成
1965	第1次マレーシア計画発表、シンガポールがマレーシアから分離独立
1967	東南アジア諸国連合(ASEAN)成立、イギリス軍が東マレーシアから撤退
1968	投資奨励法、ゴム価格の暴落でゴム園労働者の失業増加
1970	アブドゥル・ラザク・フセイン首相就任
1971	第2次マレーシア計画発表、新経済政策(NEP)発表、ブミプトラ政策開始、自由貿易地域(FTZ)開設(ペナン州バヤン・ルパス)
1973	長期展望計画(OPP)発表
1974	国有石油会社ペトロナス設立
1976	第3次マレーシア計画発表、フセイン・オンが首相就任
1980	マレーシア重工業公社(HICOM)設立
1981	第4次マレーシア計画発表、マハティール・ビン・モハマド首相就任、ルックイースト政策発表
1983	自動車メーカーのプロトン社設立
1986	第5次マレーシア計画発表、工業化マスタープラン(IMP)発表、投資促進法
1991	第6次マレーシア計画発表、民営化マスタープラン発表、ビジョン2020発表、国家開発政策(NDP)、第2次長期展望計画(OPP2)発表
1995	行政都市プトラジャヤ建設プロジェクト発足
1996	第7次マレーシア計画発表、マルチメディア・スーパー・コリドー(MSC)構想発表、第2次工業化マスタープラン(IMP2)発表
1997	アジア通貨危機発生
2000	国家展望計画(NVP)発表
2001	第8次マレーシア計画発表、第3次長期展望計画(OPP3)発表
2003	アブドゥラ・バダウィ首相就任
2006	第9次マレーシア計画発表、第3次工業化マスタープラン(IMP3)発表
2007	世界金融危機発生
2009	ナジブ・ラザク首相就任
2010	第10次マレーシア計画発表、新経済モデル(NEM)発表、政府開発プログラム(GTP)発表、経済開発プログラム(ETP)開始
2015	第11次マレーシア計画発表
2017	デジタル自由貿易地域(DFTZ)設置
2018	マハティール首相就任(初の政権交代)
2019	繁栄の共有ビジョン(SPV 2030)発表、中国で新型コロナウイルス感染者が報告
2020	ムヒディン・ヤシン首相就任
2021	第12次マレーシア計画発表、新型コロナ感染拡大のため非常事態宣言、イスマイル・サブリ・ヤアコブ首相就任
2022	アンワル・イブラヒム首相就任、MSCがマレーシア・デジタル(MD)に移行
2023	MADANI経済政策発表、新産業マスタープラン(NIMP2030)発表

Datuk Zainal Abidin bin Abdul Wahid ed. (1983), 鶴見 (2000), 弘末 (2004), 可児 (1985), 熊谷・中村 (2023), マレーシア日本人商工会議所資料, JETROアジア経済研究所資料により作成。

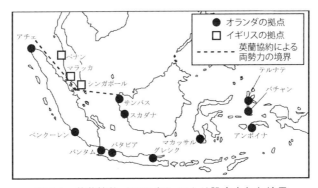

図 2-1 英蘭協約（1824 年）により設定された境界
Datuk Zainal Abidin bin Abdul Wahid ed.(1983) により作成。

隊を撃破し，1641 年にマラッカを支配下に収めた（写真 2-2）。その後，マレー半島での主要産品として錫の生産が盛んになり，そのための労働力として華人が当該地域へ移動を始めた（Harper, 1999；宮本，2003）。

18 世紀末になるとイギリスが東南アジアへの影響力を強めた[3]。1824 年の英蘭協約によりオランダは，イギリスに対しシンガポールに対する完全主権および永久所有権を承認し，さらにマラッカを割譲した（Buang, 1993）[4]。この英蘭協約により，イギリスとオランダはマラッカ海峡を挟んで勢力圏を定め，マレー半島とシンガポールはイギリスの勢力圏，それ以南のリアウ諸島，リンガ諸島，スマトラ島，ジャワ島などはオランダの勢力圏となった（図 2-1）。1826 年には，東インド会社の監督下でペナン，マラッカ，シンガポールは海峡植民地（The Colony of the Strait Settlements）とされた[5]。東インド会社の解散後の 1867 年に，これら 3 地域はイギリス直轄植民地とされ，これらを拠点としてイギリスは内陸部に政治的支配を拡大していった（Leete, 1996）。

イギリスは 1887 年までに，スルタンと条約を結んでペラク州，セランゴール州，ヌグリスンビラン州，パハン州を保護下に置き，1896 年には，これら 4 州を統合して，イギリス高等弁務官を首席とするマラヤ連合州（Federated Malay States）とした。また，同国は 1909 年にタイから宗主権を譲り受けたケダ州，クランタン州，トレンガヌ州，ペルリス州と，1914 年に保護下に加えたジョホール州の 5 州をマラヤ非連合州（Unfederated Malay States）として別

の植民統治を行った。さらにイギリスは，1898年に北ボルネオ，ブルネイ，サラワクも保護領とした（生田，2001）。

19世紀後半になると東南アジアにおけるヨーロッパ勢力は，現地の有力者により支配を進める間接統治から直接統治へと転換し，それに伴ってヨーロッパ資本のプランテーション企業や鉱山企業による一次産品の生産が増加した（瀬川，2003）。マレー半島では，東アジアから移動した華人を労働力による錫鉱山開発が行われ，20世紀初頭におけるマラヤの錫生産量は世界のほぼ半分を占めた（川崎，1996）。

19世紀末以降には，自動車産業の発展でゴム需要が高まったことで，南米からマレー半島に移植され（丸山，2023），ゴムの大規模プランテーション開発がマレー半島の西海岸から内陸部にかけて進められた。このプランテーションで働く安価な労働力として多数のタミール人が南インドから移動し，20世紀初頭にマラヤのゴムは世界生産量の半分以上を占めるようになった（Ramasamy, 1994；Leete, 1996）。イギリスによる植民地開発により，半島の西海岸ではゴムや錫などを輸送するための道路や港湾などの交通インフラが整備された（Karim et al., 1999；生田，2000a, 2001）。

これらの人口移動によって，1931年のマラヤ人口は378万8,000人となり，マレー人が49％，華人が34％，残りの多くがインド人という（図2-2），現在のマレーシアに近い人口構成となった（Kim, 1992；Karim et al., 1999）。

第2次世界大戦が始まると，日本軍がマレー半島に進出した。1941年12月8日，日本軍はマレー半島東岸のコタバルに上陸すると急速に南下し，1942年2月9日にはシンガポールへと到達した。同年2月15日に，イギリス軍がシンガポールを無条件で引き渡してから3年半の間，日本軍はマレー半島を占

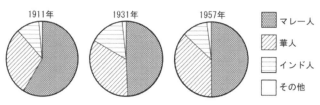

図2-2　マレーシア半島部における民族構成
Leete（1996）により作成。

領下に置いたが，1945年の戦争終結とともに，当該地域はイギリスの植民地に戻り，マラヤ全土に軍政が敷かれた。1948年には，イギリスの提案によってマラヤ協定が結ばれ，かつてのマラヤ連合に属する4州と非連合に属する5州とが合併し，マラヤ連邦（Federation of Malaya）が形成された（Jomo and Patricia, 1994）。

2. マレーシアの成立とシンガポールの分離

　1955年になるとマラヤ連合党が政権を握って，党首のアブドゥル・ラーマン（Abdul Rahman）が首相となり，1957年8月31日には，ペナンおよびマラッカを加えた11州で構成されるマラヤ連邦が独立国として認められた[6]。その後，イギリスの仲介によってマラヤ連邦，シンガポール，北ボルネオ，サラワクの間でマレーシア協定が結ばれて[7]，1963年8月31日にマレーシアが成立し（図2-3），その式典が9月16日に行われた（Berita Publishing Ddn. Bhd, 2002）。

　独立後，マレーシアでは天然ゴムや錫など一次産品の生産と輸出に経済政策の重点が置かれた。その中で，錫鉱山は東アジアから移動してきた華人労働力に，天然ゴム農園はインド人労働力に頼る状態であった[8]（小野沢，2003）。マレー人は農業や漁業を中心とする伝統的産業に従事していたのに対し，華人は商工業などの近代的産業に携わっていた。商工業がマレーシア経済に占める割合は小さいが，就業人口1人当たりの国内総生産（GDP: Gross Domestic

図2-3　マレーシアの州構成

Product）は農業を上回っており，こうした生産性の格差がマレー人と華人との所得格差に反映され，民族的な対立の原因となった。

　独立直後のマレーシアでは，マレー人の割合が高いマラヤと，華人が大半を占めるシンガポールとの対立が深まり，1965年8月9日にシンガポールはマレー

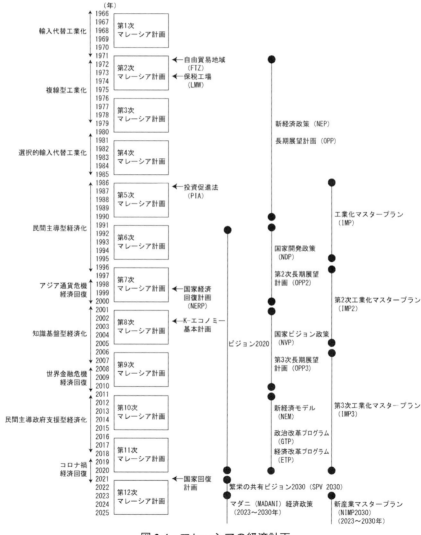

図2-4　マレーシアの経済計画

シアから分離独立した。独立後のシンガポールは輸入代替工業化戦略から，外資誘致による輸出工業化戦略へと転換した（Lee, 1992；チョンヤー編，1995）。マレーシアにとって，シンガポールの分離は市場を狭める制約条件となった。

シンガポール分離後も，マレーシアでの民族的対立と階級的対立は鎮静化されず，1969年5月13日にはクアラルンプールで大規模な暴動が発生した[9]。この事件の後，ラーマン首相に代わって就任した第2代首相アブドゥル・ラザク（Tun Abdul Razak）は，マレー系を優遇するブミプトラ政策（Bumiputera Policy）を採り，新経済政策（NEP: New Economic Policy）を策定して，長期展望計画（OPP: Outline Perspective Plan, 1971～1990年）を推進した（図2-4）。この新経済政策（NEP）の目標は，貧困の撲滅と，民族間および地域間の経済格差を解消するための社会的再構成の2つであり[10]（Brookfield, 1993；Parasuraman, 2004），第2次マレーシア計画（2MP, 1971～1975年）から第5次マレーシア計画（5MP, 1986～1990年）までは，いずれも新経済政策（NEP）に対応したものであった。

第2次マレーシア計画の終了後，1976年1月15日にフセイン・オン（Hussein Onn）が第3代首相として政権を受け継ぎ，1981年7月18日にはマハティール・ムハマド（Mahathir Mohamad）が第4代首相として内閣を発足させた（萩原，1993）。

長期展望計画（OPP）では，貧困と経済格差の原因であるモノカルチャー経済から脱するため，1970年にはGDPの13.9％であった製造業を，1990年には26.2％まで上昇させることが目標とされ，実際には，それを上回る27.0％の実績となった。また，半島部の第2次産業就業者数に占めるブミプトラの割合は，1970年の30.8％から1990年には48.0％へと引き上げられた[11]。

3. 独立後のマレーシアの経済政策

3-1 輸入代替工業化戦略と複線型工業化戦略

マレーシアの経済政策をみると，新経済政策（NEP）より前は主として輸入代替工業化戦略がとられており，特に輸入の約3分の2を占める食料，木製品，ゴム製品などの消費財を国内生産に切り替えようとした。しかし，マレーシア国内の市場規模が小さかったことから，1960年代末には，これらの輸入代替

化は限界に達しつつあった（Rahman, 1990）。

　そこで，新経済政策（NEP）に輸出促進政策が導入され，1971年には電子・電機産業に税制上の優遇措置が採られた（Jomo and Gomez, 2000）。また同年，自由貿易地域（FTZ: Free Trade Zone）と工業団地の機能を統合した輸出加工区が導入され，輸出振興のために自由貿易地域（FTZ）法が制定されて，1972年には最初の自由貿易地域がペナン州バヤンレパス（ペナン島南東部）に設立された（梶原，1995）。さらに，1973年には産業の地方分散を奨励するための保税工場（LMW: Licensed Manufacturing Warehouse）制度が設けられた。このように1970年代におけるマレーシアでは，輸入代替化政策に加えて，自由貿易地域や保税工場を活用して輸出指向産業の育成を目指す複線型工業化戦略（Dualistic Industrialisation Strategy）がとられた。また，当初は輸入代替型産業の典型であった繊維産業も，安価な労働力により国際競争力が高まり，輸出に占める割合が増大して，電子・電機に次ぐ輸出産業に成長した（Yean, 2001）。

3-2　ルック・イースト政策と選択的第2次輸入代替工業化戦略

　マハティール首相は，1981年12月に新たな方針としてルック・イースト政策（Look East Policy）を発表した。これは，イギリスをはじめとするヨーロッパ的な価値観に偏っていたマレーシアの姿勢を改め，日本や韓国の労働倫理，経済哲学，技術などを学ぶことでマレーシアの経済発展を加速させようというものであった（マハティール，1983）。その後も，マハティール首相により国産自動車の製造などを含む工業発展や，国営企業の民間への移管（Privatization）による経済活性化などに関する政策が打ち出された[12)]。

　1970年代に進められた工業化により機械設備や鉄鋼などの輸入が増加したことから，1980年代前半のマレーシアでは，これらの輸入代替化が行われた。そのため，1980年1月に政府の全額出資でマレーシア重工業公社（HICOM）が設立され，直接還元式一環製鉄所の建設や，液体天然ガス，セメント，メタノールなどの重化学工業化や資本集約工業化が進められた（青木・高安，1997）。特に，製鉄所のような大規模装置型工業がマレー半島東岸のケママン付近に立地したのは，マレーシア国内の地域的経済格差を是正するためであった（写真2-3）。

　また，国策的な自動車会社であるプロトン（Proton）社がHICOMと三菱自

写真 2-3 マレー半島東海岸
の製鉄工場
1996年ケママンにて筆者撮影。

写真 2-4 シャーラム工業地域の
プロトン社工場
1998年筆者撮影。

動車および三菱商事との合弁によって 1983 年に設立され，1985 年には国民車プロトン・サガ（Proton Saga）の製造が開始された（写真 2-4）[13]。この自動車製造はマレーシアの重工業化にとって重要な意味をもち，国内自動車産業の合理化，部品産業育成，ブミプトラにとっての自動車産業進出や雇用創出などを企図していた（Rahman, 1995；加茂，1997；梶守，1997）。しかし，マレーシアの国家的な支援があるとはいえ，所得水準が低く狭い市場において，先進工業国の自動車企業と競争を続けるのは困難であった（新保，1998）。

このように 1980 年代前半には選択的第 2 次輸入代替工業化戦略がとられ，巨額の初期投資を要する重化学工業および資本集約型工業による経済発展が目標とされた（青木，1998a）。1980 年代初頭には，1979 年に起こった第 2 次石油危機の影響で原油などの価格が高騰したため，産油国であるマレーシアの歳入は増加し，それが当該工業化政策を推進するための資金に充てられた。当時の開発途上国において企業が展開する場合，第 2 次および第 3 次産業関連企業は首都とその周辺に集中的に展開するのが一般的な傾向であった[14]（河邊，1988）。しかし，この工業化政策では，地域的な経済格差是正のため，マレー半島東岸でも大型装置型工業のために多くの資本が投下された（Salleh, 2000）。

3-3 プラザ合意と民間主導型工業化戦略

1980 年代半頃に一次産品価格が大幅に下落したことにより，マレーシアの経済成長率は 1984 年の 6.7％から 1985 年の -1.0％となり，輸出額および政府歳入額は大幅に減少した。このような変化に対応するため，マレーシアは経

済政策を転換し，国連工業開発機構（UNIDO）の協力を得て工業化マスタープラン（IMP: Industrial Master Plan, 1986 〜 1995 年）の策定を行った（Ariff, 1991 ; 横山，1992 ; Crouch, 1993）。

この計画では，ゴム，パームオイル，食品，木材，電子・電機，繊維，アパレルの 6 産業が輸出主導型産業として認定され，海外直接投資および輸出を拡大させるための施策が講じられた[15]。その中には，従来の投資奨励法に代わって 1986 年 1 月に発表された投資促進法（PIA: Promotion of Investment ACT）があり，輸出主導型製造業への税の減免や，外国出資比率および外国人雇用比率の大幅な緩和措置がとられた（横山編，1990 ; 木村，2001）。

さらに，1985 年のプラザ合意による円高で国際競争力の低下した日系企業が，安価な労働力を求めてマレーシアへ多数進出した。これらによりマレーシアの海外直接投資額と工業製品輸出額は急増した（Anazawa, 1994 ; Denker, 1994 ; 国連経済社会開発局多国籍企業・マネジメント部，1994）。

なおアリフ（1992）は，新しい投資促進法の制定後にマレーシアへの海外投資にみられた変化として，日本や NIEs など東アジアからの投資が増加したこと，投資プロジェクトが資本集約的になったこと，中小企業の役割が重要性を増したこと，輸出と輸入を同時に増加させたことを挙げた。

この時期の海外直接投資は，首都クアラルンプール周辺（写真 2-5, 2-6），南部のジョホール州，北部のペナン州への集中がみられた。特に，工業の建設が最も顕著であったのはクランバレーであり，ここは首都とクラン港（写真 2-7,

写真 2-5　建設途中のクアラルンプール・シティ・センター（KLCC）
1996 年 KL タワーより筆者撮影。

写真 2-6　完成後の KLCC
2001 年 KL タワーより筆者撮影。

第 2 章 マレー半島の歴史　21

写真 2-7　クラン港のコンテナバース
1996 年 8 月セランゴール州にて筆者撮影。

写真 2-8　クラン港でのコンテナ積み込み
1996 年 8 月セランゴール州にて筆者撮影。

2-8) を結ぶ高速道路などがあり，交通利便性の高い地域であった。この地域で初期の工業団地はプタリンジャヤに建設され，1960 年代後半には 300 社が立地する大規模工業団地となった（Rimmer and Cho, 1993）。その後，1990 年代末にはクランバレーに 70 以上の工業団地が開発され，そのうち半分以上は民間資本によるものであった[16]（石筒，2000，Sirat, 2010）。この時期におけるクランバレーの開発は，Meyer（1986）が述べるように，多国籍企業の進出によって開発途上国の首位都市が経済面から世界的な都市システムに組み込まれていく過程として考えることができる。

3-4　「成長の三角地帯」の形成

1990 年代前半から，「成長の三角地帯」（GT: Growth Triangle）（マレーシアのジョホール州，シンガポール，インドネシアのリアウ諸島）における産業集積が進んだ[17]（図 2-5）。「成長の三角地帯」に関する構想は，1989 年 11 月にシンガポールのゴー・チョク・トン（Goh Chok Tong）副首相によって ASEAN 域内貿易よりも相互投資を重視した経済協力を目指すために提案された。

当時のシンガポールは，東南アジアにおけるトータル・ビジネス・センターを目指しており，地域統括本部（OHQ）と国際調達事務所（IPO）を創設するためのインセンティブを国内外企業に供与することや，輸出競争力が低下した産業の海外進出を促すことで経済高度化を進めた（写真 2-9）。「成長の三角地帯」構想は，その一環であり，これによってシンガポールの資本や技術，マレーシアおよびインドネシアの土地や労働力といった生産要素が結合され，域内での

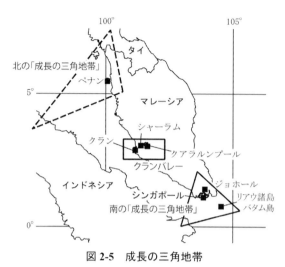

図 2-5　成長の三角地帯

分業が進んだ（青木，1994；川田，1997；グランディー＝ワー，1998）。

　北村（1994）は「成長の三角地帯」のような局地的経済圏形成の促進要因として，圏内で生産資源（資本，技術，労働力など）要素価格に格差があることや，関係国が産業効率や市場へのアクセス改善を目的として投資環境を改善する用意のあることを挙げた[18]。この構想に関しては，1990 年 6 月にマレーシアのマハティール首相とインドネシアのスハルト大統領の合意が得られ，リアウ諸島のバタム島で工業団地バタム・インダストリアル・パーク（Batam Industrial Park）が両国により共同開発された[19]（米田，1996；案浦，2001）（写真 2-10）。

　クアラルンプール周辺や「成長の三角地帯」における産業集積では，特に電子・電機産業が大きな割合を占めており，これには安価な労働力を求める半導体関連の多国籍企業からの投資が大きく影響していた（Salleh, 1993）。この電子・電機産業は，1970 年代には NIEs で増加していたが，賃金上昇など投資環境の変化により，1980 年代には東南アジアへ進出先をシフトさせた（加藤，1990）。

　マレーシアの電子・電機産業の特徴は，(1) 1980 年代中期以降に大挙して進出した多国籍企業の国際生産ネットワークに組み込まれることで急速に経済発展し，1990 年代初頭には日本や NIEs をしのぐ世界的な電子・電機機器の生産輸出拠点として地位を確立したこと（Ali, 1994），(2) 海外直接投資の導入

写真 2-9　シンガポールのコンテナ
　　　　　ターミナル
1998 年 8 月タンジョンパガー埠頭にて筆者撮影。

写真 2-10　インドネシア・リアウ諸島の
　　　　　　バタム・インダストリアル・パーク
1996 年 8 月バタム島にて筆者撮影。

により先進国から移植された産業であるため，外資依存度や中間投入財の輸入依存度が高いにもかかわらず，電子・電機産業全体として供給の拡大と製品の高度化を同時に達成することにより経済を牽引する役割を担っていること（大西，1999），（3）東南アジアにおいて電子・電機産業など機械産業の域内分業が拡大しており，競争力を高めるために地域連携を強化していることであった。当初，この分業はマレーシアとシンガポールとの間で緊密に行われており，特にシンガポールとジョホール州との間で緊密な分業ネットワークが築かれた（Konstadakopulos, 2000；北村，2001）。

3-5　国家開発政策と第 2 次工業化マスタープラン

　マレーシアで高度経済成長が進みつつあった 1991 年 2 月に，マハティール首相から，2020 年までにマレーシアの先進国入りを目指すというビジョン 2020（Vision 2020）が提唱された。それに基づく経済政策として策定された国家開発政策（NDP: National Development Policy, 1991 ～ 2000 年）は，ブミプトラ企業育成を続けつつも，人的資源開発やインフラ整備など，経済成長のための基盤整備に重点を置くというものであった。

　国家開発政策（NDP）に沿った内容をもつ第 2 次長期展望計画（OPP2: The Second Outline Perspective Plan, 1991 ～ 2000 年）が同年 6 月に発表され，第 6 次マレーシア計画（6MP, 1991 ～ 1995 年）と第 7 次マレーシア計画（7MP, 1996 ～ 2000 年）で具体化された[20]（Kuan, 1992）。国家開発政策（NDP）では

年平均7%の経済成長が目標とされ，2000年までに実質GDPを倍増することが計画された。また，この政策では経済成長における民間部門への期待が高く，民間設備投資の対GDP比では長期展望計画（OPP）期間の実績が18.4%であったのに対し，第2次長期展望計画（OPP2）の目標は26.2%とされた。

1990年代前半の5年間における実質GDPは，第6次マレーシア計画の目標値8.1%を上回って8.7%を達成し，一人当たりGDPも1990年からの5年間で約1.6倍となった。失業率は，1990年の5.1%から1995年の2.8%へと低下し，ほぼ完全雇用の状態になった。一方，国際収支をみると，輸入額増加が輸出額の増加を上回ったため，貿易黒字の幅が減少し，1995年の経常収支は178億リンギの赤字となった。第7次マレーシア計画では，輸入削減および輸出増加によって経常収支を黒字化するため，国内投資の抑制，資本財および中間財の国産化，サービス産業の振興などが行われた。

このように1990年代前半のマレーシア経済は年8.7%という高い成長を遂げたが，その過程で労働力の不足と経常収支の赤字増大という2つの問題が生じた[21]。これらの問題は，投資依存型の経済構造に原因があるとの見解から，第7次マレーシア計画では，1990年代後半に経済を投資牽引型（Investment-Driven）から生産性牽引型（Productivity-Driven）へと転換させるため，技術力向上や経営効率化などによる生産性向上が目標とされた。この目標に向け，マルチメディア・スーパー・コリドー（MSC: Multimedia Super Corridor）を建設して，海外からIT企業を誘致することで，マレーシアをIT産業の拠点とすることが計画され，実行機関としてマルチメディア開発公社（MDC: Multimedia Development Corporation）が設立された[22]（Ariff And Chuan eds., 1998）（写真2-11）。

国家開発政策（NDP）では，インフラ整備が工業化と経済活性化のための最重点政策課題とされており，1990年代には高速道路網，国際港湾，国際空港などへの大規模な設備投資が行われた。政府開発予算では，第6次マレーシア計画期間全体で約585億リンギ，第7次マレーシア計画期間で約895億リンギが計上され，その中で運輸交通部門が最も大きな割合を占めた。特に，クラン港や新クアラルンプール国際空港（KLIA）に関しては，東南アジアのハブ港およびハブ空港とすべく大規模な設備投資が行われた（写真2-12）[23]。

1996年10月には，マレーシアの産業政策の指針となる第2次工業化マスター

写真 2-11　サイバージャヤの
旧マルチメディア開発公社オフィス
1998 年筆者撮影。

写真 2-12　新クアラルンプール
国際空港（KLIA）
2001 年筆者撮影。

プラン（IMP2：Second Industrial Master Plan, 1996 ～ 2005）が公表され，その中で「製造業＋＋」（Manufacturing ++）という理念が示された（図 2-6）。これは，マレーシアの産業の中核である製造業を発展させるため，組立製造以外に，研究開発（R&D），デザイン，流通・物流，マーケティングなどの諸活動を活性化させ，需要チェーンや供給チェーンを強固にすることにより，全体的な付加価値を高めようというものであった。計画の中では，(1) 製造業企業のグローバル志向, (2) 産業リンケージと生産性向上に通じた国際競争力の強化, (3) 人的資源，技術開発，インフラ，行政ルール，インセンティブ，事業支援サービスなどの経済活動の基盤整備, (4) マレーシア国民所有の製造業企業の育成, (5) 情報集約型・知識主導型の生産プロセスの推進という 5 つの戦略目標が設定された。また産業別には，電子・電機産業，化学産業（石油化学，薬品），繊維・アパレル産業，輸送機械・運輸産業，素材産業（金属，新素材，窯業），

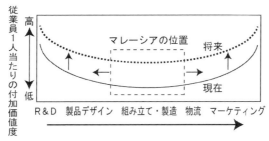
図 2-6　第 2 次工業化マスタープラン（IMP2）の「製造業＋＋」戦略
Ministry of International Trade and Industry (1996a) により作成。

機械産業，林産業（木材，ゴム，パームオイル，ココア），農水産業（水産品，畜産品，花卉，果物）の8つの産業クラスター（基幹産業群）が設定され，それぞれの分野について人的資源開発，中小企業育成，研究開発活動の促進，情報産業の活用などの方策が示された（青木，1998b）。

4. マレーシアにおける日系企業の進出

マレーシアでは，1986年に投資促進法が制定された後，日系企業およびNIEs資本からの直接投資が増加し，産業構造の高度化がみられた（世界銀行，1994；福田，2003）。その結果，1986年以降には産業別のGDPで製造業が著しく増加し，2000年には全GDPの約3分の1を占めるようになった（図2-7）。

日本型の発展モデルは，軽工業から重化学工業，さらには電子・電機工業という段階を踏んだ産業構造の高度化によって，フルセット型工業化を達成するというモデルであった。しかし，マレーシア製造業の動向は，この日本型の発展モデルとは大きく異なっていた。マレーシアでは，先行者の技術やシステムを利用して短期間で経済を成長させる後発性の利益を狙った効率優先の産業育成方法が政策主導で進められたことで，各種製造業が同時に発展した（青木，2000；橋本，2005）。

このような各種製造業の同時発展には，日本からの直接投資が大きく影響し

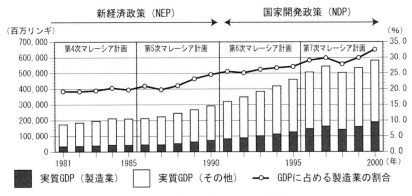

図2-7　製造業の実質GDPの推移
Ministry of Finance, Malaysia『Economic Report』各年版により作成。

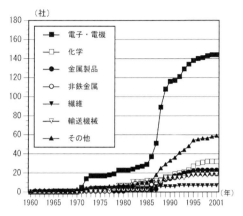 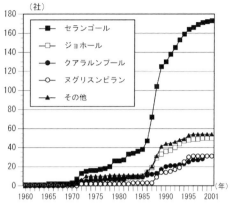

図 2-8　日系企業の業種別設立年
マレーシア日本人商工会議所（2001）
により作成。

図 2-9　日系企業の進出場所別設立年
マレーシア日本人商工会議所（2001）に
より作成。

た。この投資を詳しく知るために『マレーシア日本人商工会議所会員名簿(2001年版)』を資料とし，製造業部門に登録されている 339 社を対象として，日本からマレーシアに進出した製造業企業の特性をみる。

業種別の設立年では（図 2-8），新しい投資促進法に対応し，1980 年代後半に各種製造業が増加していた。それ以前にも増加がみられたのは繊維と輸送機械であり，繊維は 1970 年代の輸出指向工業化，輸送機械は 1980 年代前半の選択的第 2 次輸入代替工業化による自動車産業振興によるものあった。

進出場所別の設立年では（図 2-9），1970 年代からセランゴール州への進出が顕著であった。これは選択的第 2 次輸入代替工業化による重工業化政策の拠点として，クアラルンプールとクラン港との間に，いち早く工業団地が整備されたことによる。セランゴール州では特に 1980 年代後半の工業増加が著しく，工場数は 1986 年には 47 社であったのが 1990 年には 130 社となった。セランゴール州以外では「成長の三角地帯」にあるジョホール州も，1980 年代後半から増加がみられた。この時期にはクアラルンプールから南方へ企業の集積範囲が拡大し，1990 年代前半にはヌグリスンビラン州でも企業の増加が顕著となった。

進出企業数の多いセランゴール州，ジョホール州，クアラルンプール，ヌグ

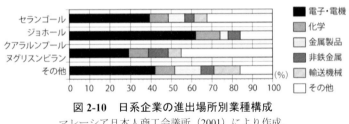

図 2-10　日系企業の進出場所別業種構成
マレーシア日本人商工会議所（2001）により作成。

リスンビラン州の業種構成では（図 2-10），ジョホールのみ電子・電機の構成比が 50％を超えていた。それに対して，セランゴール州，クアラルンプール，ヌグリスンビラン州では多様な業種が集積したことで，電子・電機の構成比は 50％以下となった。これは，大規模資本の必要な輸送機械工業や市場立地指向の強い食品工業が，クアラルンプールと周辺に立地したためであった。また，進出企業の大部分を占める電子・電機産業は多くの州に展開したが，これは高速道路をはじめとする交通インフラの整備によって港湾や空港などへのアクセスが確保されていたこと，首都周辺に企業が集中することで生じる労働力不足を回避しやすかったことなどによる。

　企業形態別の設立年では（図 2-11），合弁会社が 1970 年代後半や 1980 年代前半に増加を続けたのに対し，子会社の増加は少なかった。これは，この期間におけるマレーシアの工業化政策でブミプトラ資本による産業育成が目的とされていたため，日本からの進出企業は合弁会社という形態をとることが多かったことによる。しかし，1986 年の投資促進法により資本構成に関する規制が緩和されたことで，1980 年代後半から 1990 年代前半にかけて子会社の新規立

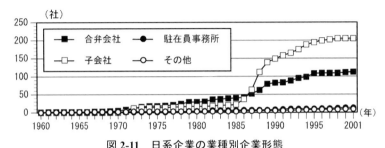

図 2-11　日系企業の業種別企業形態
マレーシア日本人商工会議所（2001）により作成。

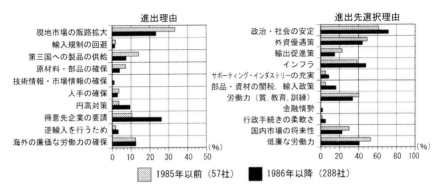

図 2-12　日系企業の海外進出理由とマレーシアの選択理由（1996 年，第 10 回調査）
日本貿易振興会（1998c）により作成．

地が急激に増加した．なお，1990 年代後半には日本のバブル崩壊による不景気により進出企業が減少し，いずれの形態でも増加が大幅に鈍った．

　ここで日系企業の進出理由や選択理由をみるために，日本貿易振興会が 1998 年に発行した『進出企業実態調査アジア編〜日系製造業の活動状況〜』で，アジア通貨危機の前後で企業活動を比較できる第 10 回調査結果（調査期間：1996 年 11 月〜 1997 年 1 月，回答 360 社）を資料とした．

　これによると，主な進出理由（有効回答 325 社）として（図 2-12），1980 年代前半までに進出した企業では「現地市場の販路拡大」の割合が高かったが，1980 年代後半以降に進出した企業では「得意先企業の要請」が高い割合を示した．進出先としてマレーシアを選択した理由（有効回答 351，複数回答）では，いずれの時期も「政治・社会の安定」が最大であり，1980 年代後半以降に進出した企業の方が高い割合となった．また，「インフラ」に関しても同じ傾向がみられ，インフラ整備が進出企業にとってマレーシアの魅力となっていた．1980 年代前半までに進出した企業で高い割合を示す「低廉な労働力」は，1980 年代後半以降に進出した企業では低くなっており，多くの企業が進出するのに伴い現地労働者の賃金が上昇したことで，当該項目の魅力は失われつつあった．

注
1) 7世紀後半，スマトラ島南岸のパレンバン（Palembang）を都としてスリウィジャヤ（Sri Vijaya）王国が成立し，9世紀までに東スマトラやマレー半島を支配下に置いた。しかし，13世紀末にジャワ島に成立したマジャパイト（Majapahit）王国が進出して，14世紀にはスリウィジャヤ王国は勢力が衰え，14世紀末にパレンバンが占領された。パレンバンの王族であったパラメスワラ（Parameswara）は，トマセック（Temasek, 現在のシンガポール）を経てマラッカ（Melaka）に移り，1403年頃にマラッカ王国を樹立した（鶴見，2000）。
2) 17世紀にオランダはジャワ島のバタヴィア（Batavia, 現在のジャカルタ）を根拠地として，その周辺からポルトガルやイギリスの勢力を排除し始めた。1596年から東南アジアに進出したオランダは，マルク（モルッカ）諸島とヨーロッパ市場とを結ぶ交易ネットワーク構築に着手し，1605年にはアンボイナ（Amboina, 現在のアンボン）に拠点を設けた。しかし，マルク諸島とヨーロッパとの交易を恒常的なものとするためには物資の中継地点が必要であったため，オランダはバタヴィアを東南アジアの中心的な拠点とした。
3) イギリスは1600年に東インド会社を設立し，1757年のプラッシーの戦いでフランス・ベンガル土侯軍に勝利したことで，東南アジアに進出した。その後，イギリスはインド洋におけるフランスとの対立で艦船修理の必要が生じ，ペナン島に基地を建設した。イギリスのフランシス・ライト（Francis Light）は1786年にペナン島のイギリス領有を宣言し，1791年4月12日にケダのスルタンと同島のイギリスへの割譲に関する条約調印を行った（Buang, 1993）。18世紀後半になると東洋貿易は東南アジアの香辛料を中心とした貿易だけでなく，東アジアの茶，絹，陶器などを扱う貿易の割合も高くなり，ヨーロッパ諸国にとって中継地であるマラッカ海峡の沿岸地域は重要性が増した。しかし，フランスとの戦争が終了したため，イギリスは1814年のロンドン協定に基づいて，以前オランダの植民地であったジャワやマラッカなど全ての基地をオランダに返還することとなり，東洋貿易のための拠点を早急に建設する必要が生じた。そこで，東インド会社の役員であるトーマス・スタンフォード・ラッフルズ卿（Sir Thomas Stamford Bingley Raffles）が1819年1月29日にシンガポールへ上陸し，ジョホール王国のスルタンとの交渉によって同地の割譲を認めさせた（Harper, 1999）。
4) イギリスはスマトラ島から撤退し，オランダはパダンを拠点に北スマトラへ勢力を拡大した。
5) 海峡植民地は流通上の分業を行っており，ペナンとマラッカは海峡内の産物を集荷してシンガポール経由で域外へ輸出した。シンガポールは流通において最重要の中心地であり，ペナンとマラッカは副次的な中心地として機能していた（弘末，2004）。
6) マラヤ連邦独立の背景については内田（1958）で解説されている。
7) マレーシア協定にブルネイは不参加であった。
8) 2000年のセンサスで人口構成比をみると，マレー系が47%，中国系が26%，インド系が8%，その他が19%であった。
9) その背景にはマレー優先の国家建設をめぐるマレー人と非マレー人との確執があり，この事情は長井（1978），萩原（1987），藤巻（1990）などで述べられている。
10) あらゆる雇用機会に人口の種族構成比を反映させることと，マレー系の資本所有比率引

き上げのための措置を講じることが政策の中心とされた（秋山，1990）。具体的には，マレーシア政府によって，企業に対して一定比率のマレー系の職員を雇用する義務が設けられた。また，各産業において財政金融上の措置を講じマレー系事業者の活動に対する積極的な支援が行われた（Bballa and Kbaras, 1992; Isa, 1994）。

11) 長期展望計画（OPP）の実績をみると平均6.75％という高い成長が達成された。計画期間中に石油をはじめとする一次産品の価格が上昇し，マレーシアの経済発展は促進されたものの，1985年には逆に石油価格などが下落し，-1.0％のマイナス低成長となった。

12) この民営化の経緯についてはSalleh（1992），Rahman（1994）に詳しい。

13) 1982年12月にHICOMは三菱自動車，三菱商事と調印，1983年5月には合弁契約を締結してプロトン社（Proton: Perusahaan Otomobil Nasional Bhd.）を設立した。資本金の出資比率はHICOMが70％，三菱自動車が15％，三菱商事が15％であり，三菱自動車の技術面と経営管理面の協力があった。プロトン社では，1985年3月にセランゴール州に工場（当初は敷地55万平㎡，建屋7万8,000㎡，従業員1,337人）が完成し，1985年7月から生産が開始された。また，その販売会社であるEONは1984年5月に設立された。マレーシアでは1970年代より，海外の自動車メーカーと提携したアッセンブリー企業が乱立したため，量産効果を上げるのが困難になっていた。この国民車プロジェクトは，アッセンブリー企業を整理して，プロトン社を中心とした少数企業による生産体制に再編するという政府の計画に連動したものであった（加茂，1997）。なお，通貨危機後にDRB-HICOMグループの再編が行われ，プロトン社は国営石油会社のペトロナス社（Petronas: Petroliam Nasional Bhd.）が買収することとなった（熊谷，2000）。

14) これは植民地時代に形成された一次産品偏重の経済構造を是正するため，先進国の資本と技術を導入した工場を配置することで，首都に雇用の場を創出するとともに，ここを製品やサービスの消費地とする政策がとられることによる（鷲尾，1983；河邊，1988）。生田（1990）によると，この傾向はクアラルンプールでもみられた。

15) 工業化マスタープラン（IMP）では産業を，ゴム，パームオイル，食品，木材，化学・石油化学，非鉄金属および非金属素材の7業種からなる資源型産業と，電子・電機，輸送機械，機械機器，鉄鋼，繊維・アパレルの5業種からなる非資源型産業とに分類して，それぞれについて計画を作成した。横山（1990）によると，天然資源が豊富なマレーシアは，他の開発途上国と異なる工業化が進められており，IMPの中で資源型産業に重点が置かれたのは，その特性を生かしたものであった。

16) クランバレーの高速道路建設は1990年代に進められ，企業集積に大きな影響を与えた（石筒，2000）。1994年に全通した南北高速道路をはじめ，クアラルンプールとクラン港を結ぶ高速道路の南北に，シャーラム高速道路と新クランバレー高速道路が建設され，1998年開港のクアラルンプール国際空港（KLIA）と都心部を結ぶ高速道路も建設された。クランバレーにおける初期の工業団地を開発したプタリンジャヤ開発公社は，1964年にセランゴール州経済開発公社（PKNS）となり多くの工業用地開発を行った。工業団地は，おもにPKNSやマレーシア工業団地会社（MIEL）などの公的資本と，地元デベロッパーによる民間資本とで開発され，その詳細については石筒（2000）で述べられている。

17) これはシンガポール，ジョホール州，リアウ諸島を併せて，シジョリー・トライアングルと呼ばれた。この南の三角地帯に対して，マレーシア西北部のペナン州およびケダ州，

タイ南部，インドネシアのスマトラ島北部からなる北の「成長の三角地帯」構想も打ち出された。
18) この提案の背景には，シンガポールの抱える人手不足，高水準の賃金，工業用地不足といった問題があった（嘉数，1995；川田，1997）。なお，シンガポールのR&Dを中心とする経済高度化の具体例については，Yue et al（2001）やMckendrik et al（2000）で述べられている。
19) バタム工業団地は，シンガポールの技術工業公団（STIC）とインドネシアのサリム・グループが設立したバタムインドが開発を担当しており，日系企業の誘致に力を入れた。1990年の時点でバタム工業団地に進出した外資系企業44社のうち日系企業は最多の15社であった（案浦，2001）。
20) この国家開発政策でも，従来の計画と同様に貧困撲滅と民族間格差是正が目標とされた。貧困撲滅に関しては，地域間格差の是正と都市部の貧困の解消にウェイトが移された（Sulaiman, 1992）。また，民族間格差の是正については，ブミプトラの資本所有割合上昇の努力は続けるものの時限的・数値的目標は設定されなかった。
21) 吉村（1998）では，管理・専門職，技術職などの労働力不足が問題となっていたのが，1990年代になると非熟練労働力が不足するようになり，労働力不足の質的変化がみられたことが述べられている。
22) 詳細はMultimedia Development Corporation（1999）に記されている。MDSはマレーシア・デジタル経済公社（MDEC）に変更された。また，MDECプレスリリース（https://mdec.my/static/pdf/expats/MD_announcement-important-updates_by-MDEC_final_4-July-2022.pdf）において，2022年7月4日にマレーシア政府は，経済情勢の変化に合わせてMSCから新たな国家戦略イニシアティブであるマレーシア・デジタル（MD: Malaysia Digital）へ移行させることを発表した。
23) この期間中には首都クアラルンプール（KL）の整備も進められた。クアラルンプールには，1990年代に金融などの業務機能が集中し，日系企業の非製造業部門の約半数が立地した（生田，2000b）。ここでは，1990年代末よりクアラルンプール・シティ・センター（KLCC）が開発の中心となっており，これ以外にも1996年末に開業したLRTやKLモノレール，KLセントラル駅などの開発事業が行われた。交通インフラの整備などはアジア通貨危機による不況のため一時中断されていたが，2001年4月にはKLセントラル駅がオープンした。また，2002年4月にはKLセントラル駅とKLIAとを28分で結ぶKLIAエクスプレスが，さらに2003年8月にはティティワンサ駅から繁華街にあるブキ・ビンタン駅を経由してKLセントラル駅を結ぶKLモノレールが開通した。

参考文献

青木　健（1994）：ASEAN域内分業構造の現状と問題点．糸賀　滋編：『動き出すASEAN経済圏　2008年への展望』アジア経済研究所，81-115.
青木　健（1998a）：『マレーシア経済入門　第2版』日本評論社.
青木　健（1998b）：マレーシアのマクロ経済．大蔵省財政金融研究所編：『ASEAN4の金融と財政の歩み－経済発展と通貨危機－』大蔵省財政金融研究所，251-269.
青木　健（2000）：『アジア経済　持続的成長の途』日本評論社.

青木　健，高安健一（1997）：マレーシアの開発経験と課題．柳原　透，三本松　進編：『東アジアの開発経験：経済システムアプローチの適用可能性』アジア経済研究所，161-189.
秋山道雄（1990）：マレーシアの経済発展と環境問題．アジア地理研究会編『変貌するアジア－NIEs・ASEANの開発と地域変容－』古今書院，69-91.
アリフ，M.（1992）：変わりゆく外国直接投資の役割．横山　久，モクタール・タミン編：『転換期のマレーシア経済』，85-113.
案浦　崇（2001）：『シンガポールの経済発展と人的資本論』，学文社．
生田真人（1990）：クアラルンプル都市圏の流通近代化．アジア地理研究会編『変貌するアジア－NIEs・ASEANの開発と地域変容－』古今書院，136-148.
生田真人（2000a）：植民地の歴史からみたマレーシア都市－「複合民族国家」の都市再編－．熊谷圭知，西川大二郎編：『第三世界を描く地誌』古今書院，71-88.
生田真人（2000b）：都市経済構造の変化と中間層の成長．大阪市立大学経済研究所監修，生田真人，松澤俊雄編：『アジアの大都市3　クアラルンプル・シンガポール』日本評論社，39-61.
生田真人（2001）：『マレーシアの都市開発　歴史的アプローチ』古今書院．
石筒　覚（2000）：クランバレーにおける工業開発戦略と外資系企業の進出．大阪市立大学経済研究所監修，生田真人，松澤俊雄編：『アジアの大都市3　クアラルンプル・シンガポール』日本評論社，39-61.
内田直作（1958）：マラヤ連邦の独立とその政治経済的背景．アジア研究，4-3, 102-132.
大西勝明（1999）：国際分業の進展と電子工業－東アジアへの日系企業の進出－．丸山恵也：『アジア経済圏と国際分業の進展』ミネルヴァ書房，213-230.
小野沢　純（2003）:マレーシア－複合民族社会の経済発展．渡辺利夫編:『アジア経済読本（第3版）』東洋経済新報社，129-177.
可児宏明（1985）：『シンガポール　海峡都市の風景』岩波書店．
梶原弘和（1995）：APECにおけるASEANの立場．青木　健，馬田啓一編：『検証APEC：アジア太平洋地域の新しい地域主義』149-171.
嘉数　啓（1995）：『国境を越えるアジア成長の三角地帯』東洋経済新報社．
加藤恵正（1990）：技術移転とアジア経済．アジア地理研究会編『変貌するアジア－NIEs・ASEANの開発と地域変容－』古今書院，52-67.
加茂紀子（1997）：日本自動車企業のグローバル戦略とアジア経済圏．丸山恵也編：『新版アジアの自動車産業』37-93.
榧守哲士（1997）：日本自動車企業とマレーシアの国民車プロジェクト．丸山恵也編：『新版アジアの自動車産業』267-313.
川崎有三（1996）：『東南アジアの中国人社会』山川出版社．
川田敦相（1997）：『シンガポールの挑戦』日本貿易振興会．
河邊　宏(1988)：発展途上国の都市と都市システム．河邊　宏編『発展途上国の都市システム』アジア経済研究所，3-21.
北村かよ子（1994）：局地経済圏の意義と役割－「成長の三角地帯」を中心に．糸賀　滋編：『動き出すASEAN経済圏　2008年への展望』アジア経済研究所，117-115.
北村かよ子（2001）：グローバル化と新たな産業集積－東南アジア諸国の電子・電機産業の発展要因分析－．関　満博編：『アジアの産業集積　その発展過程と構造』アジア経済研

究所，123-146.
木村陸夫(2001)：マハティール政権初期の工業化政策と連邦・州関係. 東京都議会会議会局編『マレーシアの地方自治と経済政策』東京都議会会議会局，61-76.
熊谷 聡（2000）：マレーシアの金融危機への対応. 国宗浩三編：『金融と企業の再構築』アジア経済研究所，147-192.
熊谷 聡，中村正志（2023）：『マレーシアに学ぶ経済発展戦略 「中所得国の罠」を克服するヒント』作品社.
グランディー＝ワー，カール・ペリー，マーティン著，新井祥穂訳（1998）：成長の三角地帯，国際的経済統合とシンガポール・インドネシア国境，高木彰彦，千葉立也，福嶋依子編：『アジア太平洋と国際関係の変動：その地政学的展望』古今書院，213-240.
国連経済社会開発局多国籍企業・マネジメント部著，江夏健一監修，IBI 国際ビジネス研究センター訳（1994）：『発展途上国の多国籍企業 本国経済へのインパクト』国際書院. Transnational Corporations and Management Division, Department of Economic and Social Development, United Nations（1993）: *Transnational Corporations from Developing Countries: Impact on Their Home Countries*. United Nations.
新保博彦（1998）：『世界経済システムの展開と多国籍企業』ミネルヴァ書房.
世界銀行（1994）：『東アジアの奇跡 経済成長と政府の役割』東洋経済新報社.
瀬川真平（2003）：植民地都市の出現－東南アジアにおける大都市の起源と変容－. 藤巻正己，瀬川真平：『現代東南アジア入門』古今書院，49-65.
チョンヤー，L.編，岩崎輝行，森 健訳（1995）：『シンガポールの経済政策 下巻』勁草書房.
鶴見良行（2000）：『マラッカ』みすず書房.
長井信一（1978）：『現代マレーシア政治研究』アジア経済研究所.
日本貿易振興会（1998）：『進出企業実態調査アジア編－日系製造業の活動状況－』日本貿易振興会.
萩原宣之（1987）：ブミプトラ政策の形成過程. アジア経済，28-2，6-23.
萩原宣之（1993）：ブミプトラ政策の形成過程－歴史的考察を通じて－. 安中章夫編：『東南アジア：政治・社会』アジア経済研究所，91-114.
橋本雄一（2005）：『マレーシアの経済発展とアジア通貨危機』古今書院.
弘末雅士（2004）：『東南アジアの港市都市 地域社会の形成と世界秩序』岩波書店.
福田邦夫（2003）：発展途上国の貿易・投資システム. 板垣文夫，岩田勝雄，瀬戸岡紘編：『グローバル時代の貿易と投資』桜井書店，115-127.
藤巻正己（1990）：ブミプトラ政策とマレーシア都市社会変動－多民族都市クアラルンプルのスクォッター社会－. アジア地理研究会編『変貌するアジア－NIEs・ASEAN の開発と地域変容－』古今書院，183-205.
別技篤彦（1972）：『アジア社会誌 東南アジア編』古今書院.
マハティール, M. 著，高多理吉訳（1983）：『マレー・ジレンマ』勁草書房. Mahathir, M.（1970）: *The Malay Dilemma*. Times Books International.
丸山浩明（2023）：『アマゾン五〇〇年－植民と開発をめぐる相剋』岩波書店.
マレーシア日本人商工会議所（2001）：『マレーシア日本人商工会議所会員名簿（2001 年版）』マレーシア日本人商工会議所.

宮本謙介（2003）:『概説インドネシア経済史』有斐閣.
横山　久（1990）:資源豊富国マレーシアに関する実証分析－産業連関を通してー.横山久編:『マレーシアの経済－政策と構造変化－』,アジア経済研究所,155-185.
横山　久編（1990）:『マレーシアの経済－政策と構造変化－』,アジア経済研究所.
横山　久（1992）:1980年代の構造変化.横山　久,タミン,M.編:『転換期のマレーシア経済』,3-21.
吉村真子（1998）:『マレーシアの経済発展と労働力構造　エスニシティ,ジェンダー,ナショナリティ』法政大学出版局.
米田公丸（1996）:インドネシアのバタム工業団地と進出企業.経営論集（創立30周年記念号）,43,49-60.
鷲尾宏明（1983）:東南アジア－国際化に揺れる社会と首都集中－.柴田徳衛,加納弘勝編『第三世界の人口移動と都市化』アジア経済研究所,89-106.
Ali, A. (1994) : Japanese industrial investments and technology transfer in Malaysia. Jomo, K. S. ed.: *Japanese and Malaysian Development: in the Shadow of the Rising Sun.* Routledge, 102-126.
Anazawa, M. (1994) : Japanese manufacturing investment in Malaysia. Jomo, K. S. ed.: *Japanese and Malaysian Development: in the Shadow of the Rising Sun.* Routledge, 75-101.
Ariff, I. and Chuan, G. C. eds. (1998) : *Multimedia Super Corridor: What the MSC is All About, How It Benefits Malaysians and the Rest of the World.* Leeds Publications.
Ariff, M. (1991) : *The Malaysian Economy: Pacific Connections.* Oxford University Press.
Bballa, S. and Kbaras, H. (1992) : Growth and equity in Malaysia: policies and consequences. Yoke, T. H. and Leng, G. K. eds.:*Malaysia's Economic Vision: Issues and Challenge. Pelanduk Publications,* 41-88.
Berita Publishing Ddn. Bhd (2002) : *Information Malaysia 2002 Yearbook.* Berita Publishing Ddn. Bhd.
Brookfield, H. (1993): Transformation before the late 1960s. Brookfield, H. ed.: *Transformation with Industrialization in Peninsular Malaysia.* Oxford University Press, 1-13.
Buang, S. (1993) : *Malaysian Legal History: Cases and Materials.* Percetakan Dewan Bahasa dan Pustaka.
Crouch, H. (1993) : Industrialization and political change. Brookfield, H. ed.: *Transformation with Industrialization in Peninsular Malaysia.* Oxford University Press, 14-34.
Datuk Zainal Abidin bin Abdul Wahid ed. (1983) : *Glimpses of Malaysian History.* Dewan Bahasa dan Pustaka, Malaysia. ザイナル・アビディン・ビン・アブドゥル・ワーヒド編,野村　亨訳（1983）:『マレーシアの歴史』山川出版社.
Denker, M. S. (1994) : The evolution of Japanese investment in Malaysia. Jomo, K. S. ed.: *Japanese and Malaysian Development: in the Shadow of the Rising Sun.* Routledge, 44-74.
Harper, T. N. (1999) : *The End of Empire and the Making of Malaysia.* Cambridge University Press.
Isa, M. M. (1994) : ブミプトラによる振興事業－サプラ・ホールディングス社（Sapura Holdings Sdn. Bhd.）の事例－.原　不二夫編:『マレーシアにおける企業グループの形成と再編』アジア経済研究所,3-38.
Jomo, K.S. and Gomez, E.T. (2000) : The Malaysian Development Dilemma. Mushtaq, H. K. and

Jomo, K. S. ed.: *Rents, Rent-seeking and Economic Development: Theory and Evidence in Asia.* Cambridge University Press, 274-303.

Jomo, K.S. and Patricia, T. (1994) : *Trade Unions and the State in Peninsular Malaysia.* Oxford University press.

Karim, A. Z., Abdullah, M. A. and Bakar, M. I. H. (1999) : *Foreign Workers in Malaysia: Issues and Implications.* Utusan Publications & Distributors Sdn Bhd.

Kim, D. K. K. (1992) : Malaysia: lessons of history for national development. Kassim, A. and Soon, L. T. ed.: *Malaysia and Singapore: Problems and Prospects.* Singapore Institute of International Affairs.

Konstadakopulos, D. (2000) : Learning behavior and co-operation of small high technology firms in ASEAN region: some evidence from Singapore-Johor agglomeration. *ASEAN Economic Bulletin,* April, 48-59.

Kuan, P. L. S. (1992) : The manufacturing sector: problems, issues, and policies. Yoke, T. H. and Leng, G. K. eds.: *Malaysia's Economic Vision: Issues and Challenge.* Pelanduk Publications, 192-230.

Lee, E. (1992) : Singapore: lessons from history for national development. Kassim, A. and Soon, L. T. ed.: *Malaysia and Singapore: Problems and Prospects.* Singapore Institute of International Affairs.

Leete, R. (1996) : *Malaysia's Demographic Transition: Rapid Development, Culture, and Politics.* Oxford University Press.

Meyer, D. R. (1986): The world system of cities: relation between international financial metropolises and south American cities. *Social Forces,* 64, 553-581.

Mckendrik, D. G., Doner, R. F. and Haggard, S. (2000) : *From Silicon Valley to Singapore: Location and Competitive Advantage in the Hard Disk Drive Industry.* Stanford University Press.

Ministry of Finance, Malaysia (1994) : *Economic Report 1994/1995,* Ministry of Finance, Malaysia.

Ministry of Finance, Malaysia (1995) : *Economic Report 1995/1996,* Ministry of Finance, Malaysia.

Ministry of Finance, Malaysia (1996) : *Economic Report 1996/1997,* Ministry of Finance, Malaysia.

Ministry of Finance, Malaysia (1997) : *Economic Report 1997/1998,* Ministry of Finance, Malaysia.

Ministry of Finance, Malaysia (1998) : *Economic Report 1998/1999,* Ministry of Finance, Malaysia.

Ministry of Finance, Malaysia (1999) : *Economic Report 1999/2000,* Ministry of Finance, Malaysia.

Ministry of Finance, Malaysia (2000) : *Economic Report 2000/2001,* Ministry of Finance, Malaysia.

Ministry of Finance, Malaysia (2001) : *Economic Report 2001/2002,* Ministry of Finance, Malaysia.

Ministry of Finance, Malaysia (2002) : *Economic Report 2002/2003,* Ministry of Finance, Malaysia.

Ministry of Finance, Malaysia (2003) : *Economic Report 2003/2004,* Ministry of Finance, Malaysia.

Ministry of International Trade and Industry, Malaysia (1986) : *Industrial Master Plan.* Ministry of International Trade and Industry.

Ministry of International Trade and Industry, Malaysia (1996) : *Scond Industrial Master Plan.* Ministry of International Trade and Industry.

Multimedia Development Corporation (1999) : *Multimedia Super Corridor: a Journey to Excellence in Institutions of Higher Learning.* ASEAN Academic Press LTD.

Parasuraman, B. (2004): *Malaysian Industrial Relations: a Critical Analysis.* Prentice Hall.

Rahman, A. A. A. (1990)：構造変化の期間分析．横山　久編：『マレーシアの経済－政策と構造変化－』アジア経済研究所，63-95.

Rahman, A. A. A. (1994)：マレーシアにおける民営化－政府資本撤収後の政府所有企業体に

関する所見－．原　不二夫編：『ブミプトラ企業とマレー人・華人経済協力』アジア経済研究所，125-152.
Rahman, A. A. A. (1995)：プロトン下請計画によるブミプトラ中小企業の育成－トラコーマ社の事例研究－．原　不二夫編：『ブミプトラ企業とマレー人・華人経済協力』アジア経済研究所，37-62.
Ramasamy, P. (1994)：*Plantation Labour, Unions, Capital, and the State in Peninsular Malaysia.* Oxford University Press.
Rimmer, P. and Cho, G. (1993)：Locational Stress in Shah Alam. Brookfield, H. ed.: T*ransformation with Industrialization in Peninsular Malaysia.* Oxford University Press, 234-267.
Salleh, G. (2000)：*Urbanization and Regional Development in Malaysia.* Utusan Publications and Distributions Sdn Bhd.
Salleh, I. M. (1992)：民営化：マレーシアの場合．横山　久，モクタール・タミン編：『転換期のマレーシア経済』アジア経済研究所，115-147.
Salleh, I. M. (1993)：電機・電子産業．モハメド・アリフ，横山　久編：『マレーシア経済における外国直接投資』アジア経済研究所，81-114.
Sirat, M. (2010)：The evolving industrial landscape of Malaysia, 1970-2001: the east asian connection. Tang, W. and Mizuoka, F.: *East Asia: A Critical Geography Perspective.* Kokon Syoin, 24-52.
Sulaiman, A. A. H. (1992)：Sixth Malaysia Plan: the macroeconomic Framework. Yoke, T. H. and Leng, G. K. eds.: *Malaysia's Economic Vision: Issues and Challenge.* Pelanduk Publications, 1-40.
Yean, T. S. (2001)：Foreign direct investment and productivity growth in Malaysia. Ibrahim, F. W. and Abdullah, N. ed.: *Issues on Economic Growth and Quality of Life in Malaysia.* Universiti Utara Malaysia, 15-48.
Yue, C. S., Freedman, J. N., Venkatesan, R. and Malvea, S. V. (2001): *Growth and Development of the IT Industry in Bangalore and Singapore: a Comparative Study.* Sterling Publishers Private Limited.

第 3 章

アジア通貨危機の東南アジア経済への影響

1. アジア経済の発展

　1980 年代後半より好調であったアジア経済は，1997 年に発生したアジア通貨危機により大きなダメージを受けた。本章では，このアジア通貨危機が東南アジア経済に与えた影響について解説する。

　アジア経済が発展した契機の 1 つとして，1985 年のプラザ合意があげられる。プラザ合意とは，1985 年 9 月 22 日の米国，日本，イギリス，フランス，西ドイツによる蔵相・中央銀行総裁会議（G5）で決定された，ドル安に向けた参加各国の協調行動への合意である[1]。この会議は過度なドル高への対策のため，米国の呼びかけで開催された。ここで外国為替市場での協調介入により基軸通貨であるドルに対する各国通貨を一律 10 ～ 12％幅で切り上げることが決まったため，急速に円高が進み，為替相場は半年間で 1 ドル 242 円から 1 ドル 140 円前後となった（図 3-1）。円のドルに対する上昇幅は 1 年間でみると 30％以上という水準であり，東京の物価水準はニューヨークの物価水準に対して，1985 年の 0.81 倍から，1986 年の 1.13 倍へと推移した（明石，2003）。

図 3-1　ドルに対する日本円の為替レート
日本銀行資料により作成。

この円高により，製造業を中心とする日系企業の国際競争力が低下した。その対応策として日系企業は，人件費が安価なアジア諸国に進出した（久野，2001；内田，2002）。また，円の価値が上がり，投資の効果が上昇したことで，日系企業のアジア進出が促進された（大木，2000）。

　アジア諸国では，日系企業の進出によって税収の増加や失業率の低下が見込めることや，日本からの技術移転によって技術水準が上昇することなどから，1980年代後半より海外投資増加を目的とした規制緩和が行われた。その際に各国は，金利を高く設定することで海外からの資金流入を加速させる経済政策をとった。

　さらにアジア諸国は，この時期に自国の通貨レートをドルに連動させる実質的なドルペッグ制（Dollar Peg）を採用していたため，投資家は低いリスクで資金を増やすことが可能であった。そのため海外からの投資が急増し，これによりアジア諸国は1980年代後半から1990年代前半にかけて高度経済成長を遂げた[2]（三本松・岡垣，1997）。

　たとえばタイは，1984年10月まで完全なドルペッグ制を採用していたが，1984年11月からは自国の通貨をいくつかの主要な貿易相手国の通貨と連動させる通貨バスケット方式をとっていた（西，2000）。しかし，ドルと連動する通貨の比率が80％以上を占めていたことから，実質的には1ドル25バーツでドルと固定されたドルペッグ制となっており，ドルの影響だけを強く受ける状態であった（図3-2）。さらに，バーツの市場金利はドルの市場金利より5％以上も高かったため，投資家は為替変動のリスクなしに金利差を入手できる状態であった。また，タイ政府は1993年3月に，バンコク・オフショア金融センター（BIBF）を創設して外国銀行を招致し，これを通じた投資や短期資金の導入を勧奨するとともに，非居住者のバーツ預金も自由化した。このBIBF市場などを通じて，1993年以降にはタイに経常収支赤字分を上回る資金が流入した。

　当時のアジア諸国では，現地企業が簡単に低金利の外資を受け入れることが可能となっていたため，海外から多額の資金が流入した。特に，タイには大量の資金が流入し，これらの国では1990年からの5年間で対外債務残高が2倍以上となった。その中で短期資金の伸びは大きく，タイでは残高に占める短期資金の割合は1993年から40％を超えるようになった[3]。

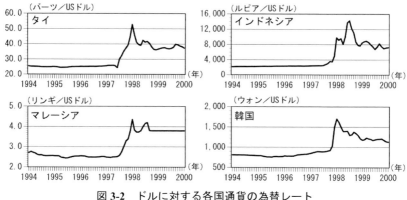

図 3-2 ドルに対する各国通貨の為替レート
各国中央銀行および IMF 資料により作成。

このように，アジア諸国に急激な資本流入が生じたのは，(1) 豊富な投資機会が存在するという期待が資本の供給サイドにあったこと，(2) オフショア市場設立や資本取引に対する税制優遇措置などの制度的優遇策を需要サイドがとったこと，(3) 実質的にドルに固定された為替レート制度が存在したことなどによるものであった[4]（経済企画庁総合計画局編，1999）。

2. 経常収支の赤字増大と貿易悪化

1997 年にアジア通貨危機が起きた要因の 1 つに経常収支の問題があった[5]。1990 年代の前半に，タイ，インドネシア，韓国，マレーシアなどの経常収支は赤字となり，その赤字幅は直接投資の流入が加速してから拡大した。

経常収支の赤字が続いたことで，アジア諸国はドルペッグ制を維持できなくなる可能性が高まったが[6]，輸出の著しい伸びから将来的に経常収支の黒字が見込まれたため（図 3-3），この赤字は大きな問題にならなかった。当時，タイの経常収支赤字は，工業用機械や中間財などの輸入の多さによるものであり，工業化が進展して輸出が増加すれば，経常収支は黒字になると予想されていた（石田，2001）。その結果，アジア諸国には海外からの投資が続き，経常収支の赤字が続いても，通貨を大幅に増加する必要は生じず，実質的なドルペッグ制は維持された。

しかし，1995 年から米国がドル高政策（Strong-dollar Policy）をとったことで，

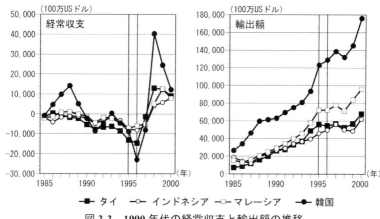

図 3-3　1990 年代の経常収支と輸出額の推移
内閣府資料により作成。

　ドルに固定されていたアジア諸国の通貨価値も急速に上昇した。このドル高により，アジア諸国からの輸出品の国際競争力は低下し，それまで増加を続けてきた各国の輸出額は減少に転じた[7]。この輸出の落ち込みによって経常収支の赤字が増大すると，ヘッジファンドなど国際投機筋は，アジア諸国のドルペッグ制維持を困難と予想し，各国の通貨に対して大量に空売りなどを仕掛けた。

　アジア諸国が実質的なドルペッグ制をとっていたのは，為替リスクをなくすことで輸出入を安定させ，さらに海外からの投資を呼び込む狙いがあった。しかし，アジア諸国がドルペッグ制から変動相場制へと移行すれば，海外から流入した資金が急速に逆流し，当該国の資金流動は鈍化して，多くの現地企業が経営困難となる[8]。ドルペッグ制を維持できずに自国の通貨の価値が下がると資金返済の負担が増加するので，アジア諸国の現地企業にとっては，為替レートの安定やドルペッグ制の維持がきわめて重要な経営条件となっていた。

3. 通貨危機の発生

　1994 年から 1995 年にかけて円安となっても，タイは自国通貨をドルに固定していたためバーツを切下げできず，さらに賃金インフレで競争力を喪失しつつあった。そのため, 1996 年におけるタイからの輸出は前年比 -1.3％となった。この時，タイの外貨準備高は 380 億ドルであったのに対し，対外債務は 1,060

億ドルに達しており，その危機感から1996年末までに資金の流出が流入を上回るようになった[9]。

この状況から国際投機筋は，タイの実質的なドルペッグ制の維持は困難であると判断し，大量にバーツの空売りなどを仕掛けた[10]。タイ中央銀行はドルペッグ制を守り，通貨価値の低下を防ぐためにバーツの買い支えを行った。しかし，国際投機筋によるバーツ売りが加速していくと，市場ではタイの実質的なドルペッグ制度が持続不可能という予想がなされ，投資家はリスクを回避すべく行動した[11]（山本，1999）。

その結果，タイの中央銀行は保有する外貨を大幅に減らし，国際投機筋の攻撃に対抗することが不可能になった。そこでタイ政府は，1997年7月2日にドルペッグ制から変動相場制に移行することを決定し，これによりバーツの価値は当日から半年間にわたって下がり続けた（上川，1999）。

バーツが暴落したため，ドル建てで資金調達を行っていたタイの現地企業は，負担増加による経営圧迫で倒産するものが増加し，失業率も上昇した（橋本，2005）。それによりタイ経済が悪化すると，信用低下によりバーツがさらに売られて通貨価値が下落し，タイ企業の経営が苦しくなるという悪循環が生じた（吉冨，2003）。

また，1990年代前半に大量に流入した短期資本により経済成長は加速したが，限界収益率は下降した。そこで短期資本は，製造業から不動産セクターへと向かう先を変えた。結果として，1990年代の半ばには，アジア諸国に流入した膨大な短期資本が株や不動産にも流れ込み，それらの価格が大幅に上昇して，資産価格が実質とはかけ離れたバブル状態となった。その後，短期資本が大量に流出した結果，株や不動産の価格が暴落してバブル崩壊が起こり，経済が急速に悪化した（小峰，1998；小林，2000）。

4．アジア諸国への通貨危機の波及

アジア通貨危機の発端は，1997年7月2日にタイが，実質的なドルペッグ制から変動相場制に移行し，通貨価値を大幅に下げたことであった[12]（図3-4）。タイ政府からの要請によって，7月13日にIMFを中心とする支援パッケージがまとめられたが，蔵相の辞任表明や，近隣諸国の影響もあって経済的に不

図 3-4　1997 年における各国の通貨価値の変化
1997 年 6 月第 1 週における 1 ドル当たりの通貨価値を 100
としている。各国中央銀行および IMF 資料により作成。

安定な状況が続いた（図 3-5）。その後，11 月にチュワン（Chuan Leekpai）政権になると，IMF との合意で金融機関の再編がなされ，経営に問題のあるファイナンス・カンパニーの閉鎖，商業銀行の国有化，銀行合併などが進められた[13]（経済企画庁総合計画局編，1999）。

　タイで発生した通貨危機は，短期間で周辺諸国へと波及した。インドネシアでは 1997 年 7 月 11 日に変動バンドが拡大され，8 月 14 日には変動相場制へと移行[14]，フィリピンでも為替取引バンドが 7 月 11 日に撤廃された。これらの国の通貨価値はバーツとともに下がり，同時に株価の下落も生じた。さらに，タイや韓国の通貨が切り下がったことで，台湾やシンガポールの国際競争力が低下し，小規模ではあるが通貨や株価の下落がみられた（橋本，2005）。

　インドネシアの通貨ルピアは，タイのバーツよりも大幅に下落した（図 3-6）。それにより企業などの外貨建て債務負担が増加し，市場の不安を招いて，さらにルピアが下落するという悪循環が生じた（上川，1999）。1997 年 10 月にインドネシア政府は IMF に支援を要請し，1997 年 10 月 31 日には IMF と経済調整プログラムの合意を行った。しかし，政府への不安や，不十分な準備での銀行閉鎖などにより，1997 年 12 月からルピアは大きく下落した[15]。

　さらに，1997 年 10 月下旬，韓国も通貨危機に陥った（図 3-7）。韓国では，当時，財閥主導の過剰投資や銀行融資の不良債権化などの問題が表面化したことで，投資家は資金回収に敏感になっていた。それがタイでの通貨危機発生の影響を受けたことで，急速に資金が国外へ流出した（渡辺編，2003）。そのため韓国政

44

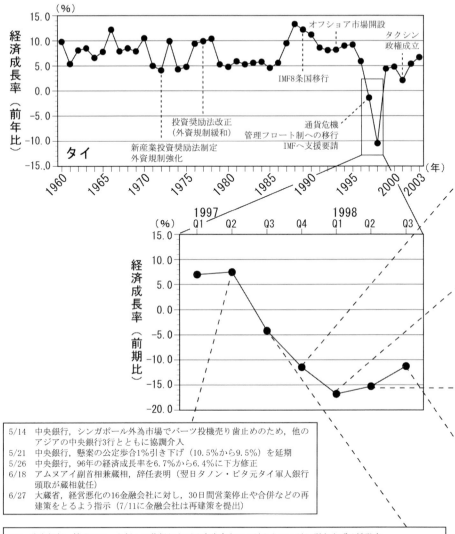

5/14	中央銀行，シンガポール外為市場でバーツ投機売り歯止めのため，他のアジアの中央銀行3行とともに協調介入
5/21	中央銀行，懸案の公定歩合1%引き下げ（10.5%から9.5%）を延期
5/26	中央銀行，96年の経済成長率を6.7%から6.4%に下方修正
6/18	アムヌアイ副首相兼蔵相，辞任表明（翌日タノン・ピタ元タイ軍人銀行頭取が蔵相就任）
6/27	大蔵省，経営悪化の16金融会社に対し，30日間営業停止や合併などの再建策をとるよう指示（7/11に金融会社は再建策を提出）

7/2	中央銀行，管理フロート制への移行および公定歩合を10.5%から12.5%に引き上げる旨発表
7/14	国家経済社会開発庁，97年の成長率予測を4.6%に下方修正
8/5	中央銀行，42のノンバンクの営業停止を通達
8/11	IMFおよび日本等，160億ドルのタイ向け融資に合意．ウィーラポン元蔵相，バーツ買い支えのために中央銀行が5000億〜6000億バーツを投入した点を批判
8/15	内閣改造実施．財政金融担当副首相にウィーラポン元蔵相，経済担当副首相にタクシン元外相を起用
8/21	チャイワット中央銀行総裁，バーツ防衛のためのドル売り介入の結果，今後1年間のドル売り先物契約が234億ドルになる旨を発表．（7月末における外貨準備は300億ドルではなく66億ドルであることが判明）
8/22	中央銀行，商銀上位5行に対しドルの売買を一時停止するよう通達
8/28	国会で経済問題に関する集中審議
9/11	IMFコンディショナリティ実施のため設置された経済債権管理委員会（委員長：ウィーラポン副首相）第1回会合．金融小委員会，財政小委員会，マクロ経済小委員会，民営化小委員会を設置
9/18	バンコクでアジア欧州会議（ASEM）の蔵相会合実施．金融不安防止策の構築などを協議
9/30	政府，日本との間で第22次円借款契約に調印

第 3 章　アジア通貨危機の東南アジア経済への影響　　45

10/9	日本政府，日本企業のタイ企業に対する融資に貿易保険を適用することを柱とした援助計画を発表．同時に民間活力を利用したインフラ事業向け貿易保険70億ドル分も引き受ける
10/14	金融システム再建に関する計画を発表．金融機関の合併や増資を担当する金融再建庁（FRA）を設立し5億バーツを投入すること，金融機関の不良債権を買い取る資産管理会社（AMC）を設立し10億バーツを投入すること，営業停止中のノンバンク58社への外資出資規制（現行25％以下）を10年間撤廃することなどを決定．
10/19	タノン蔵相，前日の政府の物品税引き上げ撤廃に反発して辞任
10/24	内閣改造実施．第4次チャリワット内閣成立
10/28	閣議は金融再建庁に5億バーツの公的資金を投入する旨決定
11/5	国会，金融再建庁や資産管理会社の設立などに関する6勅令を承認
11/6	チャリワット首相，経済破綻の責任をとって辞任
11/14	チュワン内閣成立
11/25	政府は今後13ヶ月間の金融再建スケジュールを発表．閣議，さらに50億バーツの予算削減を決定
12/8	大蔵省，営業停止中の58ノンバンクのうち56社を閉鎖する旨発表
12/20	ターリン蔵相，日本の輸出入銀行から6億ドルの追加融資を受けることが決定した旨発言
12/23	閣議，金融再建庁の新総裁にアマレー元商相を任命
12/26	国家経済社会開発庁は98年の国営企業の投資予算を4000億バーツから1400億バーツに削減する旨発表

2/6	中央銀行，サイアム・シティ銀行，ファースト・バンコク・シティ銀行，バンコク商業銀行を国有化
2/18	IMFの税制調査ミッション来訪．（3/5まで）
2/24	閣議，IMFに対する第3次趣意書を承認．公共部門の赤字をGDPの2％まで認めること，国営企業株式会社化法の導入，電信電話法，電話公社法，通信公社法の改正案を承認
3/16	閉鎖された56のノンバンクの優良資産を引き継いだラッタナシン銀行が営業を開始

4/10	破産法発効
4/28	閣議，大蔵省提出の98年度海外借入計画を承認．（前年度の40億バーツから72億バーツに引き上げ）
5/4	チャワイット中央銀行総裁，通貨危機を理由に引責辞任
5/8	閣議，中央銀行新総裁にチャトゥモンコン・ソーナクン元大蔵次官を任命
5/15	閣議，国営企業株式会社化法案を承認
5/18	中央銀行，ナーワー・ファイナンスなど7金融会社を国の管理下におく
5/25	下院，50億ドルの外債発行に関する勅令など金融4法案を承認
5/26	閣議，IMFに対する第4次趣意書を基本的に了承
5/28	国会，閉鎖されたノンバンクの資産売却に関する勅令を承認
6/9	閣議，ノンバンク救済で運営困難に陥っている金融機関発展基金（FIDF）再建を目的とした大蔵省案（国債発行など）を承認
6/10	政府，金融機関発展基金向け政府債権（第1回）500億バーツ発行
6/15	政府，金融機関発展基金向け政府債権（第2回）1000億バーツ発行
6/20	政府3つの流動性対策発表．98年度の国営企業の上納金徴収の繰り延べ，法人税徴収の一時繰り延べ，国営企業の投資支出の引き上げなど

8/3	経済閣僚会議，99年度中における25項目の景気対策を承認
8/14	大蔵省と中央銀行，金融機関再編策を発表
8/18	閣議，72年外国企業規制法改正案を承認．これにより外国人持ち株規制が緩和される
8/25	閣議，IMFに対する第5次趣意書を承認
8/31	政府，金融機関発展基金向け政府債権（第3回）500億バーツ発行
9/1	閣議，国営企業の民営化に関するマスタープランを発表
9/18	下院第3議会，99年度予算（8250億バーツ）を承認
9/25	ターリン蔵相，第23次円借款（総額約677億円）の覚書に調印

図 3-5　通貨危機におけるタイの動向

経済企画庁総合計画局編（1999），経済企画庁調査局編（1996, 2000），内閣府政策統括官室編（2004），アジア動向年報各年版，JETROアジア経済研究所資料により作成．

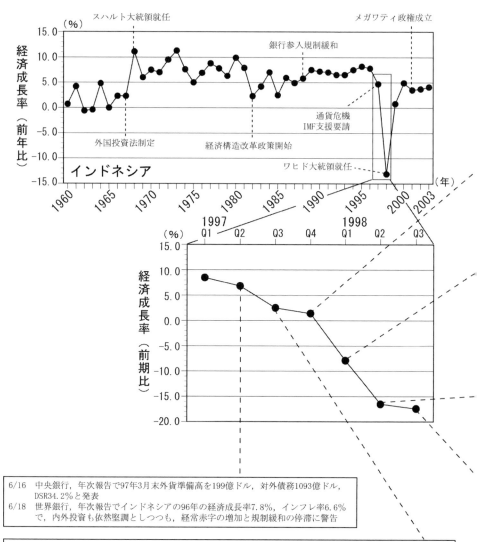

- 6/16 中央銀行，年次報告で97年3月末外貨準備高を199億ドル，対外債務1093億ドル，DSR34.2%と発表
- 6/18 世界銀行，年次報告でインドネシアの96年の経済成長率7.8%，インフレ率6.6%で，内外投資も依然堅調としつつも，経常赤字の増加と規制緩和の停滞に警告

- 7/7 1600品目の輸入関税引き下げなどを中心とする新たな規制緩和策を発表．輸入品の平均関税率は従来の13%から11.9%に低下
- 7/11 中央銀行，ルピアの対ドル為替変動幅を8%から12%に拡大（その後ルピア相場の下落が続く）
- 7/16 東京でインドネシア援助国会議（CGI）開催（翌日97年度援助額は96年をやや上回る52.9億ドルに決定）
- 7/29 中央銀行総裁，ルピア安定のため為替市場に対して10億ドルの売り介入を行ったことを明かす
- 8/14 インドネシア，変動相場制に移行．ルピア安と株価の下落続く
- 8/16 大統領，国政演説で投機的動きを批判するとともに，97年経済成長率の見込みを7.82%から7.98%へ上方修正し，インドネシアの経済基盤はきわめて堅調と指摘
- 9/3 政府，ルピア相場下落が経済に与える影響を緩和するため，大型プロジェクト延期などの経済金融健全化対策を発表
- 9/4 政府，上場企業株式の外国人保有を49%までとする制限を撤廃
- 9/16 政府，投資削減計画の詳細を発表（内容は3.3兆ルピアの投資支出の削減，38.9兆ルピアの投資プロジェクトの延期，62.7兆ルピアの投資プロジェクトの再検討）

10/3	中央銀行,輸出企業の先物為替取引支援制度を導入
10/8	政府,事業延期決定の遵守,IMFや世界銀行への支援要請など通貨変動を意識した8項目の経済政策を発表
10/13	政府,経済再建のため来訪したIMF代表団と初会合
10/31	IMFなど国際機関が総額230億ドルの支援パッケージを発表.内訳はIMF100億ドル,世界銀行45億ドル,ADB35億ドルの融資,政府海外資産を含むその他資金源から50億ドル.政府はIMF支援の条件となる今後3年間の経済改革案を発表(内容は金融部門の健全化,財政収支の改善,為替・金融の安定,規制緩和の推進,国民車問題に関するWTO裁定の遵守)
11/1	蔵相,経営不振の民間銀行16行の営業停止措置を発表(各地で預金者の取り付け騒ぎが発生)
12/15	大統領の健康不安と対外債務返済能力への懸念を反映し,市場ではルピア相場が1ドル5800ルピアを突破
12/30	蔵相,国営4銀行の合併計画を発表(遅くとも98年7月末までに実施の見込み)

1/6	スハルト大統領,国会で98年度国家予算を発表(その内容が非現実的だったため改革への疑念からルピア相場がさらに下降.1ドル1万ルピアを突破)
1/15	カムドシュIMF専務理事来訪.政府,IMFと経済構造改革の2次合意
1/19	スハルト大統領,次期大統領に選出の意向を表明.副大統領候補にハビビ研究・技術担当国務相(市場はハビビ副大統領の指名により,ルピア,株価ともに下落.22日には1ドル1万6500ルピアに達する
1/23	政府,IMFの指導に基づいて98年度修正予算案を発表
1/27	政府,金融システム改革案を発表.インドネシア銀行再建庁(IBRA)設立
2/9	スハルト大統領,カレンシー・ボード制(CBS)採用の意向を表明
3/6	IMF,経済改革の遅れを理由にインドネシアへの第2次融資延期を決定
3/10	スハルト大統領,国民協議会(MPR)で大統領再任
3/14	第7次開発内閣発表(16日発足)
3/19	スハルト大統領,CBS導入構想を断念

4/4	政府,金融健全化策を発表.中小7銀行が営業停止か資産凍結,7銀行がIBRA管理下へ
4/8	政府とIMF,経済構造改革で3度目の合意
5/10	政府と外国銀行との民間債務繰り延べ交渉が決裂
5/15	中銀,銀行間市場と外国為替市場の決済業務を停止.前商業銀行も営業を停止
5/19	外為レート,一時1ドル1万7000ルピアまで下落.(過去最安値を更新)
5/20	中央銀行,決済業務を再び中止(5/21まで)
5/21	スハルト大統領,辞任を発表.ハビビ副大統領が昇格
5/22	開発改造内閣発足
5/28	国内最大の民間銀行バンク・セントラル.アジア(BCA)がIBRAの監督下に
6/4	政府,日米欧13行の債権銀行団と民間対外債務処理策で合意(フランクフルト合意)
6/10	アストラ社,自動車の生産を中止

7/16	6月のIMFとの合意に基づいた98年度国家予算第2次修正案,国会に提出
7/29	第7回インドネシア支援国会合(CGI),パリで開催(98年度の援助総額78.94億ドルに決定)
8/3	民間債務返済のためのインドネシア債務再構築庁(INDRA)発足
8/20	改正破産法が発効
8/21	政府,新たな銀行再編策を発表.民間大手4銀行の国有化,他の大手3銀行の営業停止,国営4銀行の合併を決定
9/9	ギナンジャール調整相,ナイスIMFアジア太平洋局長と会見し,民間企業の債務処理を支援する「ジャカルタ・イニシャチブ」を発表
9/22	パリ・クラブ(主要債権国会議)開催(インドネシアの対外公的債務の最大20年間返済繰り延べと日本の新規融資20億ドルを決定)
9/29	中央銀行,国内銀行の自己資本比率引き上げのため,公的資金を注入する方針を発表.ルピア相場の安定化に伴い,インドネシア銀行証券(SBI)の金利引き上げを実施

図 3-6 通貨危機におけるインドネシアの動向

経済企画庁総合計画局編(1999),経済企画庁調査局編(1996, 2000),内閣府政策統括官室編(2004),アジア動向年報各年版,JETROアジア経済研究所資料により作成.

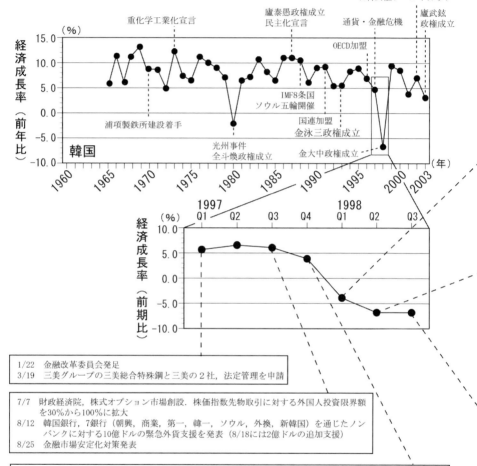

1/2	政府,第一銀行,ソウル銀行の公開売却決定
1/14	第5次経済対策会議開催
1/28	韓国政府と日米欧銀行団との民間債務繰延べ交渉妥結（ニューヨーク）
1/30	政府,総合金融会社10社の閉鎖方針を決定
2/4	非常経済対策委員会,外国人によるM&Aの許容を決定
2/11	証券取引委員会,1日の外国為替変動幅を現行8％から12％に拡大すると発表
2/17	政府組織改編法案,国会を通過.政府,閉鎖手続き中の総合金融会社10社の営業を取り消し.政府とIMF,マクロ経済運営目標を修正合意.IMF理事会承認後,第5次金融支援20億ドルを実施
2/25	金大中総裁,第15代大統領に就任
2/26	経済長官懇談会開催.政府,総合金融会社2社の閉鎖を決定.
3/17	第2次経済対策調整会議開催
3/26	世界銀行,20億ドルの追加融資決定

4/1	外国人投資制限業種のうち,証券取引業等10業種を開放
4/8	政府,国際資本市場で40億ドルのグローバル債発行に成功
4/14	第4次経済対策調整会議開催.債権銀行に「企業不実判定委員会」構成方針を決定.政府,総額10億ウォン超の企業構造調整基金新設を決定
5/1	金融監督委員会,東西証券,高麗証券の許可取り消しを財政経済部に要請
5/6	財政経済部,IMFの第6次資金導入のための第2四半期経済運営に合意
5/9	銀行別不健全企業判定委員会設置
5/11	不健全企業整理のための銀行間共通基準発表
5/18	大統領府経済主席に康奉均政策企画首席を,政策企画首席に金奉東大統領府経済首席を任命
5/19	浦項総合製鉄,新日本製鐵に株式の持ち合いを要請
5/20	第6次経済対策調整会議開催.金融システム安定化のため98年後半から99年にかけて50兆ウォンの債券を発行,25兆ウォンを不良債権処理,16兆ウォンを金融機関に出資,9兆ウォンを預金者保護にあてると発表
5/25	政府,1銘柄当たり55％に限定していた外国人の株式投資限度枠を完全に撤廃.浦項総合製鉄や韓国電力等公企業への外国人株式投資限度枠も25％から30％へ,1人当たりの投資枠も1％から3％へ広げる
5/27	銀行別不健全企業判定委員会招集.
5/29	IMF,対韓支援18億ドルを承認
5/31	債権銀行,判定結果を監査銀行へ報告,意見調整

6/1	東西証券と高麗証券の営業許可取り消し
6/2	債権銀行団,1次判定結果を金融監督委員会に報告
6/3	金融監督委員会,判定結果を大統領に報告
6/5	第2次経済長官懇談会開催
6/13	債権銀行団,2次判定結果を金融監督委員会に報告
6/18	金融監督委員会李憲宰委員長,財閥企業50社を含む55企業を不健全企業として発表.政府,7月から公企業60余社を段階的に売却すると発表
6/19	監査院,公企業153社の監査の結果,41社に統廃合・民営化を勧告
6/26	外国人の土地取得自由化
6/29	金融監督委員会,5銀行の吸収合併を発表
6/30	輸入先多角化政策（事実上の対日禁止政策）の対象品目中,自動車の一部を含む40品目を開放
7/1	韓国企業の海外からの借款制限を廃止
7/3	第1次公企業民営化計画を発表
7/4	政府と全経連会長団,財閥がもつ企業を交換して各財閥を特定業種に集中させる業種交換等に合意
7/22	韓日経済交流会議開催
7/28	政府,IMFと第3四半期政策協議で合意
7/31	韓一銀行と商業銀行,合併を発表
8/11	金融監督委員会,国際,BYC,太陽,高麗の4生命保険会社に3ヵ月の営業停止命令
8/28	IMF,10億ドル対韓追加支援を承認

図 3-7　通貨危機における韓国の動向

経済企画庁総合計画局編（1999），経済企画庁調査局編（1996，2000），内閣府政策統括官室編（2004），アジア動向年報各年版，JETROアジア経済研究所資料により作成.

府は，1997年11月21日にIMFを中心とする緊急資金支援を要請した[16]。

5. マレーシアにおける通貨危機
5-1 通貨危機の発生

　アジア通貨危機の直前までマレーシアの経済は良好であったが，タイで発生した通貨危機の影響により悪化した（図3-8）。タイや韓国と異なり，マレーシアの貿易収支は黒字であったが，投資収益収支や海上運賃・保険料収支の赤字によりサービス収支は赤字となっていた。このサービス収支の赤字によってマレーシアの経常収支は1990年以降赤字が続き，赤字幅は1994年の対GDP比7.8％から1995年の同9.9％へと拡大した。しかし，当時のマレーシアでは平均輸入月数の3か月以上という高水準の外貨準備高が維持されていたため，赤字拡大は大きな問題とはならなかった。

　1990年代半ばにマレーシアでは，世界的な半導体不況から主要輸出品である電子・電機製品の輸出が低迷し，さらに天然ゴムや木材などの一次産品の輸出も伸び悩んだため，1998年には-0.2％の輸出減少となった。この輸出鈍化には米国および日本への輸出不振が大きく影響しており，特に対米輸出に関しては半導体不況に加えて，米国市場における中国製品との競合も影響していた[17]。

　貿易の黒字幅減少とサービス収支の赤字は，経常収支赤字を増加させて対外不均衡をもたらした。一般に，経常収支赤字は海外資本を導入することで国際収支のバランスを保っており，マレーシア政府も1986年から外資導入のための金融自由化措置を実施していた。1987年7月に国内証券会社への資本出資比率制限の引き上げ，1990年10月にラブアン・オフショア市場の開設，1991年2月に商業銀行の金利完全自由化などを行ったことで，1990年以降のマレーシアは，経常収支赤字を上回る資本収支黒字となった。ただし，マレーシアは外資本の導入を進める一方で，国内非居住者に対する短期金融商品の販売を禁止して，短期資本の流入を抑制したことで，長期資本に依存した経済構造になっていた（渡邉・中村，2000）。

　マレーシア国内で急激に増えた資本は，すべて金融市場で吸収することができず，不動産や株式の分野に流れて資産価格を高騰させた。これにより1997年には，株式市場や不動産市場がバブル状態に陥り，高層ビルの建設ラッシュ

となった。このように，マレーシアには輸出の伸び悩み，経常収支赤字の拡大，資産バブルなどのリスク要因が存在した（青木，2000）。

さらに，通貨の過大評価もリスク要因となった。マレーシアで採用されていた管理フロート制は，中央銀行の介入などにより実質的にドルペッグ制と同じような為替制度になっており，1996年初頭から1997年前半のレートは，1ドル2.50～2.55リンギの間で推移していた。しかし，1995年6月以降にドル高となり，リンギの価値は実質的なドルペッグ制のため過大評価された。

5-2　通貨危機への対応

タイの通貨危機発生から2か月が経ち，1997年9月になっても通貨と株価の下落が続いていたため，マレーシア政府は緊縮財政，経常収支赤字の縮小，金融引き締めなどのIMF型政策をとり始めた。まず，政府は10月17日に歳出1.9％増の1998年度緊縮予算案を下院に上程したが，その中で1998年度の経済成長率を7％と高めの見積もりをしていたことなどから信認は回復できなかった。また，政府のメガプロジェクトへの執着が市場の不安をあおる結果となった（滝井・福島編，1998）。そこで，政府は12月5日に緊急経済対策を立て，緊縮財政の強化，金融システムの強化，非金融民間部門における緊縮の要請などを発表した。その内容は，(1) 予算歳出の18％削減，(2) 大型プロジェクトの延期対象の拡大，(3) 銀行の融資自粛，(4) 新規の上場凍結などであり，1998年の経済成長率見通しも4～5％と下方修正された。

それでもインドネシアのルピア下落が影響して，1998年1月7日にはリンギは最安値（1ドル4.88リンギ）となり通貨安が続いた。また，株式市場の低迷や金融引き締めによる金利上昇は，企業の投資を鈍らせ，内需を減少させた。加えて緊急経済対策による大型プロジェクトの凍結や銀行の融資抑制が，国内企業の経営を圧迫したことも投資を減少させる原因となった。さらに失業率も1997年の2.5％から1998年の3.3％まで上昇し，1998年前半には緊縮政策による実体経済の悪化が顕在化した。熊谷（2001）は，この状況を通貨下落，株価下落，信用収縮の連鎖によって生じた金融面での悪循環として説明し，それがマレーシアの実体経済に影響を及ぼしたことや，実体経済の悪化が通貨安・株安・信用収縮を促進するという新たな悪循環を発生させたことを指摘した。

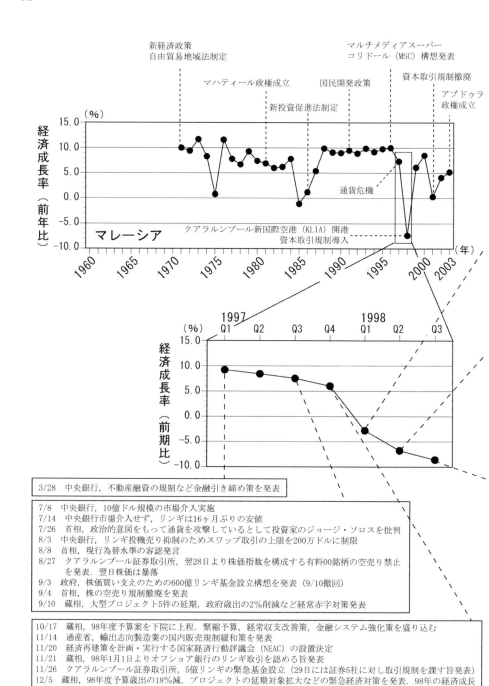

第3章 アジア通貨危機の東南アジア経済への影響　53

1/2	ファイナンスカンパニーの統合案を発表
1/7	リンギ安が進み、最低値を記録（一時1ドル4.88リンギ）．国家経済行動評議会（NEAC）発足．ダイム政府経済顧問が事務局長に就任
1/15	IMF専務理事が来訪し，対マレーシア支援は必要なしとの認識を示す
1/19	クアラルンプール証券取引所，金融機関からの借入制限などの規制策導入
1/22	NEAC第1回会合開催
2/6	中央銀行，金融機関の法定支払準備率を13.5%から10%へ引き下げる旨発表
2/8	法定準備率を13.5%から10%に引き下げ（2/16実施）
2/18	首相，ブルネイ訪問．（2/19）同国国王と通貨危機について協議
2/24	ダイム政府経済顧問，種族間株式取引を自由化する方針を発表
3/24	副首相兼蔵相，97年の経済実績を発表．98年実質GDP成長率を4〜5%から2〜3%へ下方修正
3/31	中央銀行，これまで計39社あった金融会社を8社に整理統合する計画を発表

4/10	NEACの会合が開かれる．次の2点を決定．（1）4万リンギ以下の自動車の融資上限を従来の70%から85%に引き上げる．ただし自動車購入向け融資の年間総額上限（150億リンギ）は変更しない．（2）外国投資委員会によって承認された25万リンギ以上の住宅の外国人による購入を自由化する
4/30	中央銀行，流動性管理政策の改訂を発表（内容は，支払準備率の1日の許容変動幅を±0.5%から±2%に変更，中央銀行の市場介入に関する情報開示の2点）．エネルギー・通信・郵政相，通信分野の外資規制を従来の49%から61%に緩和する旨発表
5/4	首相，「ビジョン2020黄色信号」発言
5/20	不良債権処理機関（AMC）設置発表
5/30	中央銀行，98年第1四半期の経済実績発表．GDP成長率は-1.8%（後に-2.8%に修正）
6/1	首相日本訪問．橋本首相と円借款再開問題を協議．副首相兼蔵相，利下げ誘導に否定的見解を示す
6/4	副首相兼蔵相，資産管理会社（後にダナハルタ・ナショナルと命名）の概要を示し，政府保証付き債券を発行して資金を得ることなどを明らかにする．20日に政府100%出資の公企業として発足
6/5	首相，金融引締め政策は正しくない，中央銀行の政策を認める必要はないと発言．副首相兼蔵相，中小企業家支援のためのブミプトラ企業家への追加出資を発表
6/18	政府，景気対策のため70.3億リンギの補正予算を組む旨閣議決定
6/19〜20	与党UMNO年次党大会開催（縁故主義批判がでる）
6/24	ダイム政府経済顧問，総理府特命大使に指名される．（6/26就任）
6/26	中央銀行，法定支払準備率の10%から8%への引き下げを発表（7/1実施）

7/1	副首相兼蔵相，50億リンギのインフラ開発基金の設立を発表
7/13	副首相兼蔵相，経済見通しと対策を発表．98年の成長率見通しは2〜3%から1〜2%に引き下げ．対策として，すでに発表された資金管理会社設立，開発予算の70億リンギ追加支出，インフラ開発基金の他に，資本注入実施機関（SPV）と企業債務再建委員会（CDRC）の設立を発表
7/23	NEAC，国家経済復興計画を発表．金融・財政緩和への転換を提唱
7/24	ムーディーズがマレーシア国債を格下げ．翌日にはS&Pが追従
7/27	副首相兼蔵相，予定されていた外債発行のためイギリスと米国での説明会を延期する旨発表
8/3	中央銀行，3ヵ月物銀行間市場介入金利を11%から10.5%に引き下げ
8/10	中央銀行，3ヵ月物銀行間市場介入金利を10.5%から10%に引き下げ
8/27	中央銀行，98年第2四半期の経済実績発表（成長率-6.8%）．中央銀行，3ヵ月物銀行間市場介入金利を10%から9.5%に引き下げ．また，法定支払準備率の8%から6%への引き下げを発表（9/1実施）
8/28	大蔵省，中央銀行総裁と副総裁が9月1日付けで辞任する旨発表
9/1	中央銀行，資本取引規制策発表．翌2日に為替レートを1ドル3.8リンギに固定（10/1にはリンギのオフショア取引禁止．外貨持ち出し規制等の為替管理規定発効）
9/2	首相，副首相兼蔵相を解任
9/3	中央銀行，3ヵ月物銀行間市場介入金利を9.5%から8%に引き下げ
9/7	首相，第1蔵相に就任．ムスタファ企業家開発相が第2蔵相に就任．アリ・アブル・ハッサン・スレイマン総理府経済計画局長が中央銀行総裁に就任．ゼティ暫定中央銀行総裁代行が副総裁に就任．中央銀行，法定支払準備率の6%から4%への引き下げを発表（9/16実施）．また，25万リンギ以下の住宅購入のための融資を不動産向け融資規制枠から除外

図 3-8　通貨危機におけるマレーシアの動向

経済企画庁総合計画局編（1999），経済企画庁調査局編（1996, 2000）内閣府政策統括官室編（2004），アジア動向年報各年版，JETROアジア経済研究所資料により作成．

1998年における経済のマイナス成長が確実視されると，緊縮政策の効果が疑問視されるようになった。また，IMF型緊縮政策は，経済規模の拡大によって民族間の不満を抑え社会的安定をはかるというブミプトラ政策と相容れない部分が大きかった。そこでマレーシア政府は緊縮政策から景気刺激政策への転換をはかり，6月18日に景気対策のための補正予算を閣議決定した。さらに，6月23日には国家経済行動評議会（NEAC）により金融と財政の両面で緩和が提唱され，その後，景気刺激策を盛り込んだ国家経済回復計画（NRP：National Recovery Plan）が発表された。

1998年9月1日，中央銀行は取得後1年未満の株式売却代金の外貨両替および外貨送金の禁止を柱とする資本取引規制を導入し，翌2日には為替レートを1ドル3.8リンギで固定するドルペッグ制の導入を発表した[18]。資本取引を規制して，為替レートを米ドルに固定したことでマレーシアでは，リンギ安の心配なしに金融緩和などの景気対策を行うことが可能となった。また，深刻な不良債権問題を処理するため，1999年には不良債権買取機構（ダナハルタ），金融機関への資本注入機構（ダナモダル），民間企業の債務リストラ支援のための企業債務再編委員会（CDRC）の3つの特別目的機関が設置された[19]（熊谷，2001）。

IMFの支援によらないマレーシア政府の対応が可能であったのは，早い時期に自国通貨の買い支えを放棄し外貨準備が枯渇しなかったこと，金融部門でも企業部門でも海外からの借入が少なく不良債権問題が国内問題にとどまったこと，金融システムの不良債権比率が比較的低く国内資金で解決できたことなどによるものであった[20]（熊谷，2000）。

5-3　マレーシアの通貨危機モデル

ここでマレーシアを事例として通貨危機のモデル化を行うと以下のようになる（図3-9）。1985年のプラザ合意以降，マレーシアでは外国資本に対する大幅な規制緩和と有利なインセンティブの提供により輸出指向型工業化が進められた。それによる大量の資本流入は経済を成長させたものの過剰投資となり，それが過剰生産と投資効率低下を招いて国際競争力を低下させた。過剰投資は不動産や株式などへと流れ，資産価格を高騰させてバブル経済を引き起こした。バブルが崩壊した時，外資は大量かつ急激に流出し，通貨と株価などの資産価

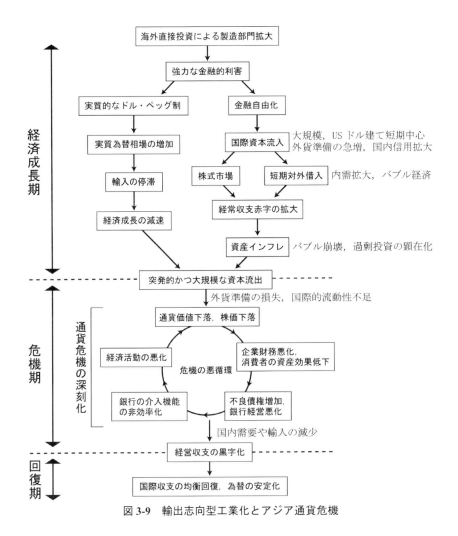

図 3-9　輸出志向型工業化とアジア通貨危機

格を暴落させ，アジアで通貨危機が生起した。

　マレーシアの経済は，IMFの指導による対策を講じたのにもかかわらず，危機の悪循環に巻き込まれたことで，1998年になってから悪化が進んだ。マレーシアでは資本流出を契機にして，通貨と資産価格の下落が起こり，それが企業部門の経営悪化と倒産を招いた。これは不良債権の増加による金融部門の不安

定化に繋がり，信用収縮が起こって危機を深化させた。このような危機の悪循環により，IMF路線の対処方法は危機を深刻なものとした（西口，2004）。

そこでマレーシア政府は，1998年6月からインフラ整備のための公共投資再開など財政拡大策を始めた。この政策転換は，不況の内需縮小により輸入が減少し，経常収支が大幅に改善されたことによるものであった。この政府の景気回復策や，パームオイルや石油などの一次産品および外資を中心とする電機・電子産業の輸出が好調であったため，マレーシア経済は急速に回復した（経済企画庁調査局編，2000）。1998年におけるマレーシアの経済成長率は通年で-7.4%であったため，経済の回復は緩やかなものになると予想されていたが，1999年第2四半期には成長率が4.1%とプラスに転じ，2000年度には政府予想を上回って通年8.3%となった。

6. アジア通貨危機の特徴

1997年に発生したアジア通貨危機の原因としては，バブル化した経済が崩壊したこと，各国通貨の実質的なドルペッグ制が拡大する経常収支赤字の負荷に耐えられなくなったこと，国際投機筋が為替レート切下げを確信して大規模な通貨攻撃に出たことなどが挙げられる（青木，2000；吉冨，2003）。この通貨危機の影響が大きいのは，全資本に対する短期資本比率が高い国や[21]，不胎化介入を行った国である[22]（関，1998）。

この通貨危機の発生を説明したものとしてはKrugman（1992）のモデルがある（図3-10）。このモデルでは，まず外貨買いや国内通貨売りが進み，対外準備が減る場合の外貨の潜在価格（一種の均衡価格）が示される。ここに中央銀行が通貨を供給すれば，外貨の潜在価格（変動相場制において外貨につけられる国内通貨表示の価格）は上昇する。しかし，現実には為替レートが固定されているので，国際投機筋はペッグを崩壊させるために売り投機を仕掛けるタイミングを測ることになる。それは固定価格と潜在価格が一致する時点 $t1$ となり，この時点では売り投機（外貨買い）が発生して対外準備が失われ，通貨ペッグが崩壊する。このような事態が発生するのは，金融政策と為替レートのペッグが整合していないためであり，仮に投機が存在しなくても，いつかペッグは崩壊する[23]。

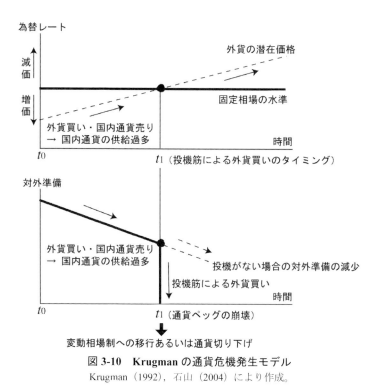

図 3-10　Krugman の通貨危機発生モデル
Krugman（1992），石山（2004）により作成．

　1994 年末から 1995 年にかけて発生したメキシコ通貨危機でも，このモデルのような通貨危機が発生したが，これは他国に波及しない単発型の危機であった．それに対して，アジア通貨危機は，きわめて短期間に周辺諸国に伝染（Contagion）した危機であった．

　石山（2004）は，この伝染について，任意の国の通貨が下落すると，その国と似かよった金融資本市場をもつ国の通貨も下落しやすくなり，それはリスクに関する合理的判断での資金引き揚げだけではなく，群集心理による資金の引き揚げによって引き起こされることを指摘した．

　通貨危機の伝染が生じた要因について，Montes（1998）など初期の研究は各国のマクロ経済の悪化に注目していたが，その後，異なる見解をもつ研究が多数発表された．たとえば石川（2000, 2004）は，資本市場のグローバル化を背景に，バーツの下落によって各国通貨に対する市場の評価が急激に変化したこ

とを伝染の要因としており，その理由として，(1) 各国についての情報が不足していたため，投資家には東アジア地域が同質なものに思われ，タイと同じ通貨危機が他の東アジア諸国でも起こるのではないかと不安になったこと，(2) 投資家は情報不足により十分な分析ができないまま噂やムードによって投資行動を決定しがちとなり大量の資本流出が起こったこと，(3) ムーディーズなどの民間格付け機関が短期間のうちに頻繁に格付けを引き下げたことによって投資家は東アジア諸国から資金を引き揚げ，それが格付けをさらに引き下げるという悪循環が発生したことなどを挙げた。

　高安 (2000) は，アジア通貨危機の要因として市場参加者による投資環境評価の変化に注目しており，それが民間資本フローの急激な逆転をもたらして通貨や株価の急落を招くことから，短期資本の規制問題が重要であることを示した。また，宮尾 (2003) は石川 (2000) と同じく，タイを起点とするアジア通貨危機が，国際投資家による期待の変化を通してインドネシアや韓国における自己実現的な金融パニックを引き起こす形で伝染したことを指摘した。

注
1) プラザ合意の狙いは，ドル安によって米国の輸出競争力を高め貿易赤字を減らすことであった。なお，この会議が米国のニューヨークのプラザホテルで開催されたため，プラザ合意と呼ばれる。
2) ドルペッグ制は自国の通貨レートをドルに連動させる為替政策である。もしタイの通貨バーツと米国の通貨ドルとが完全に固定されていれば，いずれの通貨で預金しても保有する価値は同じである。ここでドルの金利を5%，バーツの金利を11%とするとバーツで預金した方が多くの利子を受け取れる。このように金利の高いアジア諸国の通貨が，ドルに固定されていたため，少ないリスクで資金を増やすことができ，これによって海外から多額の投資が集まった。
3) 脆弱な金融システム下での急激な短期資本の流入は，国内の信用を拡張させたが，流入が縮小した時の対応は難しく，韓国，タイでは通貨危機を増幅させた (長坂，1999)。
4) 特に，タイやインドネシアでは為替レートをドルに実質固定し，同時にマネーサプライの増加を抑制したため，金利が上昇し，さらなる資本の流入を招くというメカニズムが働いていた。タイでは，アジア通貨危機の発生前まで，対ドルレートを維持するために外国為替市場でドル買い介入を実施し，さらに，この介入がマネーサプライの増加を生まないように不胎化政策（為替相場への市場介入の際，自国内の通貨量を変動させないようにオペレーションなどで相殺すること）を実施していた (高木，2003)。そのため国内金利が高まり，他国との格差が広がったことで，この金利差を狙った大量の資本がタイに流入した。特に，先進諸国における低金利に対しタイの金利は高水準にあったこ

とから，実質的なドルペッグ制の下で短期外貨資金が大量に流入し，その一部がファイナンス・カンパニーなどを通じて不動産などの資産投資に使われ，バブルの発生を招来し，その崩壊と共に金融機関の不良債権問題が顕在化した（経済企画庁総合計画局編，1999）。タイの BIBF を通じて流入した短期資金の一部も，このような資産投資に用いられたといわれる。

5) 貿易収支は輸出額から輸入額を引いた，海外との商品売買における儲けを表すもので，正の場合は貿易黒字，負の場合は貿易赤字という。ただし，これにはサービスの取引は含まれない。経常収支は，貿易収支，サービス収支（海外とのサービスの取引に関する収支），所得収支（海外における預金や債権から得られる利子などの所得や海外で働いて得た所得に関する収支），経常移転収支（開発途上国への食料や医療品の無償援助などの収支）の合計である。

6) 経常収支の赤字が続くということは，年々当該国の通貨が海外に流出していることを意味する。そのため，経常収支の赤字が続けば続くほど，その国では通貨が足りなくなる。そこで，それらの国々では市場に出回る通貨の量を増やす必要が生じるので，その国の通貨の価値は下がる方向に進む。つまり基本的には，経常収支の赤字が続くと，その国の通貨の価値は下がるので，ドルペッグ制を維持することは困難になる。

7) Krugman（1994）は，アジアの経済成長パターンは生産要素投入型であり，こうしたパターンの成長は持続性を欠くということを指摘した。また，Krugman（1997）およびクルーグマン（1999）では，この議論に関する説明がなされた。なお，小峰（1998）は，Krugman の意見に対し，(1) 全要素生産性の計測上の問題であり，Krugman が依拠した分析は多くの人に指示されているわけではないこと，(2) 仮にアジアの成長が資本や労働などの生産要素を大量に投入した結果であったとしても，それ自体が重要な意味を持っているということなどの見解を示した。

8) もともとドルはバーツより貸出金利が低いため，タイ企業は，まずドル建てで資金の調達を行い，その資金をタイ国内で使えるようにするためバーツに交換していた。その後，タイ企業は，一定期間が経過してから，借りていたドルを利子付きで返済するため，バーツをドルに交換した。そうすれば，タイ企業は，高金利のバーツではなく，低金利のドルを利用して，より多くの利益を確保することができた。しかし，タイがドルペッグ制を維持できずに，バーツが暴落してドルに対する価値を著しく低下させた場合，ドル建てで資金を調達していたタイ企業は，返済時に借入当初の想定より多くのバーツが必要になり，多額の損失を出すことになった。

9) バブル崩壊と輸出減少を懸念した IMF は 1996 年 6 月に，経済と為替政策に関しタイ政府に最初の警告を発したが，政府は対策を講じなかった。

10) バーツが大量に売られることになれば，市場にバーツが大量に出回り，バーツの価値が下がる。

11) 情報不足と，金融システムの脆弱性に対する不信感が，このような予測の拡散を促進したと考えられる（石山，2004）。

12) 初期段階では，通貨下落が単なる適正水準への「修正」と考えられていた。バーツは既に 1995 年以降，市場において何度か売り圧力が加わっており，その度ごとにタイ通貨当局は金融引締め，介入などにより対応してきた。しかし，1997 年 7 月に至り，使用可能

な外貨準備が急減してドルペッグ制を維持することができなくなった。
13) 12月8日に発表された金融再建措置において，営業停止となっていたファイナンス・カンパニー58社中56社を閉鎖した。このような積極的な危機管理は国際社会から評価されたが，資金不足によって緊縮財政に伴う失業問題や貧困問題への対処が遅れた。
14) 変動相場制はフロート制ともいい，通貨の交換比率を市場での需要と供給により自由に変動させる制度のことをいう。
15) 1998年1月15日には，IMFとの間で新たな政策措置につき合意したが，改革項目の実施見通しについて市場の不信感が強く，また民間債務問題についての解決策が含まれていなかったことなどから，ルピアは大きく下落した。その後，IMFとの政策プログラムについて協議が進むとルピアの変動は小幅になった。
16) アジア通貨危機の発生以降，IMF，世界銀行，アジア開発銀行などが支援を行った。その中でIMFが流動性の供給を中心に支援を行った。日本は，IMFを中心とした国際的な枠組みによる2国間支援で，タイ，インドネシア，韓国に対し資金援助を表明した。さらに日本は，1998年10月に開催された韓国およびASEAN5（インドネシア，マレーシア，フィリピン，タイ，ベトナム）との蔵相・中央銀行総裁会議で，各国の景気対策と資金調達を支援することを提示した。
17) マレーシアの主要輸出品である繊維・アパレル，電子・電気製品は中国にとっても主要輸出品であり，中国製品の価格競争力が勝っていた。中国の対米輸出は1995年の15.5%増から，1996年には8.0%増，1997年には22.5%増と増加が続いた。マレーシアの対米輸出に回復の兆しが出てきたのは1997年の通貨危機後で為替が下落した後であった。
18) 1999年2月15日に持ち出し課徴金を導入することにより一部緩和，9月および2000年2月には，さらに一部緩和された。なお，マレーシア中央銀行は，1ドル当たり3.8リンギの固定為替相場を，5～15%の過小評価であるとみているもののマクロな経済基盤からみた適正水準から大幅に乖離しているとはいえないという見方を示している（村上，2001）。
19) 金融再編のため，政府は同年7月に国内全金融機関の6グループへの統合を指示したが，一部金融機関の反対により撤回し，金融機関に統合相手選択の余地を与えた上で10グループへと再編する案がまとまり，2000年1月に中央銀行に承認された。その結果，税額控除などの合併奨励策適用期限である2000年12月末までに，9グループの統合が完了した。
20) 熊谷（2000）によると，金融危機に際してマレーシア政府は，ブミプトラ政策の実行主体である金融システムの保護を重視しているため，構造的な問題が指摘された。Mahathir (1998) では，民営化プロジェクトを与える起業家を政府が選ぶという姿勢に対し，マレーシア企業と金融機関が政府の救済を期待してモラル・ハザードを起こしやすいという構造的問題が指摘された。
21) 短期資本は，短い期間だけ投資される資金のことで，為替リスクはあるものの高金利が得られる外貨預金および企業や国の債権などのことを指し，投資よりも投機に近い性質をもつ。
22) 不胎化政策とは，為替相場への市場介入の際，自国内の通貨量を変動させないようにオペレーションなどで相殺することである。関（1998）は，急激な資本流入に対する対応策からアジア諸国を(1)資本規制を強化した中国，(2)為替の上昇を容認したシンガポー

ル，(3) 不胎化を行わずに為替の安定を目標とした香港，(4) 不胎化介入により為替と貨幣供給の目標達成を目指したマレーシア，タイ，インドネシアに分類し，通貨危機が深刻化したのは不胎化介入をした国であることを指摘した．
23) 石山（2004）はペッグ崩壊後の通貨危機を，第1の局面（資本収支反転）では資本流入が細り流出に転じ，第2の局面（ピーク）では対外準備が急減しペッグが崩壊し，第3の局面（経常収支調整）では為替レートが大きく下落して金利が大幅に上昇したという3つの局面で解説した．この研究では，Krugman（1992）のモデルを，3つの局面のうち第2の局面のメカニズムとして位置づけた．

参考文献

青木　健（2000）:『アジア経済　持続的成長の途』日本評論社．
明石芳彦（2003）：低価格競争の広がりと製造業の構造変化．植田浩史：『日本企業システムの再編』東京大学出版会，1-39．
アジア経済研究所（1995）:『アジア動向年報　1995』アジア経済研究所．
アジア経済研究所（1996）:『アジア動向年報　1996』アジア経済研究所．
アジア経済研究所（1997）:『アジア動向年報　1997』アジア経済研究所．
アジア経済研究所（1998）:『アジア動向年報　1998』アジア経済研究所．
アジア経済研究所（1999）:『アジア動向年報　1999』アジア経済研究所．
アジア経済研究所（2000）:『アジア動向年報　2000』アジア経済研究所．
アジア経済研究所（2001）:『アジア動向年報　2001』アジア経済研究所．
石川幸一（2000）：アジア通貨危機と国際金融秩序．青木　健，馬田啓一編：『ポスト通貨危機の経済学』勁草書房，3-17．
石田　修（2001）：アジアの分業構造の変化と中間財・資本財貿易—SITC5桁分類による日本とアジアのハイテク製品貿易の分析—．矢田俊文，川波洋一，辻　雅男，石田　修編：『グローバル経済化の地域構造』九州大学出版会，3-42．
石山嘉英（2004）:『通貨金融危機と国際マクロ経済学』日本評論社．
内田勝敏（2002）：経済のグローバリゼーションと日本企業．内田勝敏：『グローバル経済と中小企業』世界思想社，2-20．
大木博巳（2000）：アジア経済危機と日本経済．青木　健，馬田啓一編：『ポスト通貨危機の経済学』勁草書房，179-198．
上川孝夫（1999）：アジア通貨危機と為替相場システム．山本栄治編：『アジア経済再生：通貨危機後の新たなシステム構築に向けて』日本貿易振興会，23-40．
関志雄（1998）:『円と元から見るアジア通貨危機』岩波書店．
熊谷　聡（2000）：マレーシアの金融危機への対応．国宗浩三編：『金融と企業の再構築』アジア経済研究所，147-192．
熊谷　聡（2001）：マレーシア政府の通貨危機への対応．東京都議会議会局編『マレーシアの地方自治と経済政策』東京都議会議会局，77-105．
クルーグマン，P. 著，三上義一訳（1999）:『世界大不況への警告』早川書房．
経済企画庁総合計画局編（1999）:『通貨金融危機の克服と21世紀の経済安定化に向けて』経済企画庁総合計画局．

経済企画庁調査局編（1996）:『アジア経済 1996』経済企画庁調査局.
経済企画庁調査局編（2000）:『アジア経済 2000』経済企画庁調査局.
小林英夫（2000）:『日本企業のアジア展開：アジア経済危機の歴史的背景』日本経済評論社.
小峰隆夫（1998）:アジアの通貨危機・金融危機と潜在的成長力．エコノミック・リサーチ，2，6-34.
三本松　進，岡垣知子（1997）:日本・東アジアの域内分業と ASEAN 開発の課題．柳原　透，三本松　進編:『東アジアの開発経験：経済システムアプローチの適用可能性』アジア経済研究所，109-141.
高木信二（2003）:金融為替政策と資本流入．高木信二編:『通貨危機と資本逃避　アジア通貨危機の再検討』東洋経済新報社，85-107.
高安健一（2000）:日本企業と対アジア直接投資．青木　健，馬田啓一編:『ポスト通貨危機の経済学』勁草書房，39-56.
滝井光夫，福島光丘編（1998）:『アジア通貨危機　東アジアの動向と展望』日本貿易振興会.
内閣府政策統括官室編（2004）:『世界経済の潮流』内閣府政策統括官室.
長坂寿久（1999）:国際短資移動の監視・規制について．山本栄治編:『アジア経済再生：通貨危機後の新たなシステム構築に向けて』日本貿易振興会，41-55.
西　孝(2000):アジアにおける固定相場制．青木　健，馬田啓一編:『ポスト通貨危機の経済学』勁草書房，18-38.
西口清勝（2004）:『現代東アジア経済の展開：「奇跡」，危機，地域協力』青木書店.
橋本雄一（2005）:『マレーシアの経済発展とアジア通貨危機』古今書院.
久野国夫（2001）:グローバル化する日本の対外生産とアジア経済圏．矢田俊文，川波洋一，辻　雅男，石田　修編:『グローバル経済化の地域構造』九州大学出版会，43-62.
宮尾龍蔵（2003）:金融為替政策と資本流入．高木信二編:『通貨危機と資本逃避　アジア通貨危機の再検討』東洋経済新報社，61-83.
村上美智子（2001）:マレーシア．総合研究開発機構:『東アジアにおける通貨政策の連携とその進化』総合研究開発機構，51-67.
山本栄治（1999）:エマージング・マーケットとデリバティブ－過剰な国際資本移動と不安定性．山本栄治編:『アジア経済再生：通貨危機後の新たなシステム構築に向けて』日本貿易振興会，5-22.
吉冨　勝（2003）:『アジア経済の真実：奇跡，危機，制度の進化』東洋経済新報社.
渡邉清實，中村克也（2000）:『通貨危機のマレイシア経済への影響』経済企画庁経済研究所.
渡辺利夫編（2003）:『アジア経済読本　第3版』東洋経済新報社.
Krugman, P.（1992）: *Currencies and Crises*. MIT Press.
Krugman, P.（1994）: The Myth of Asia's Miracle. *Foreign Affairs,* 73（6），Nov.-Dec., 62-78.
Krugman, P.（1997）: *Pop international.* The MIT Press.
Mahathir, M.（1998）: *The way forward.* Weidenfed and Nicolson.
Montes, M. F.（1998）: *The currency crisis in Southeast Asia.* Institute of Southeast Asian Studies.

第 4 章

世界金融危機の東南アジア経済への影響

1．米国における住宅バブルと証券化商品
1-1　IT バブルと住宅バブル

　本章は，アジア通貨危機から 10 年後に発生した世界金融危機が，東南アジア経済に与えた影響について解説する。

　1990 年代後半以降に米国は，クリントン政権時代に財務長官のロバート・ルービン（Robert Edward Rubin）氏が提唱したドル高政策で海外からの資金流入に依存する戦略をとった。この資金流入により，米国では 1999 〜 2000 年に IT バブルが発生した。IT バブル[1]とは，IT 関連企業への過剰な投資により株価が高騰した現象であり，この投資にはアジア通貨危機の際にアジアから引き揚げられた国際マネーも含まれていた。この時期には，ナスダック市場を中心に株価の高騰が続いたが，2000 年 3 月以降，米国の連邦準備制度理事会（FRB：Federal Reserve Board）の利上げを契機に IT 関連の株価が急落し，資金不足に

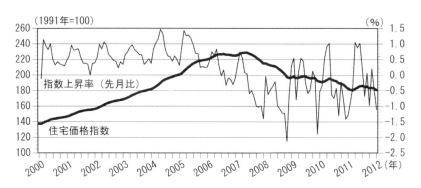

図 4-1　住宅価格指数（1991 年 =100）と指数上昇率（先月比）
住宅価格指数（1991 年 =100）は FHFA（Federal Housing Finance Agency）のもの。
CEIC データベースにより作成。

陥ったIT企業の倒産が続いた。景気後退を懸念したFRBは，2001年1月から2003年6月までに連続して利下げを行った。

　この時，政府が税優遇や補助金などの住宅政策（持ち家推進政策）を実施したため，国内での住宅販売戸数が急増し，住宅価格が上昇した（図4-1）。ITバブルが崩壊した後であったため，金融機関は新たな資金の運用先として住宅市場に注目し，住宅ローン市場へと資金投入を行った（山口，2012）。その結果，米国では2001～2006年頃まで住宅価格が上昇を続け，住宅バブルが引き起こされた。この住宅ローン市場が，2000年代後半の金融危機の発生源になった。

1-2　証券化商品の登場

　米国の住宅ローンはプライムローン（Prime Loan）とサブプライムローン（Subprime Loan）に分けられていた。プライムローンはデフォルト（Default,債務不履行）するリスクの低い優良客層向けの住宅ローンであり，サブプライムローンは優良客層よりも下位の層に向けたリスクの高い住宅ローンであった。サブプライムローンはデフォルトのリスクが高いため，プライムローンより高い金利に設定されていた。また，デフォルトに陥った場合には担保物件のみで事態を解決できると，債務者や住宅ローン会社に考えられていた。さらに，この住宅ローンの大部分はノンリコース・ローン（Non-recourse Loan，非遡及）であり，担保の住宅を取り上げられたら返済義務がなくなるので，債務者はリスクを考慮せずに融資を受けられる環境にあった[2]。そのためサブプライムローンは，住宅バブルの中で2004年頃から急増した（倉橋・小林，2008）。

　住宅ローンの債権は金利収入が定期的に入るため，ゴールドマン・サックスやリーマン・ブラザーズのような投資銀行（Investment Bank）は，これを金融商品として捉えていた[3]。住宅ローン会社は，債務者がデフォルトした場合のリスクを投資銀行に移すことができ，さらに現金収入を得られることから，債権を投資銀行に販売した。住宅ローン会社は，この現金で新たにサブプライムローンを貸し出し，その債権を再び投資銀行に販売するということを繰り返したため，サブプライムローン利用者は増加していった。

　投資銀行は，サブプライムローンの債権がもつデフォルトのリスクを回避するため，債権の証券化（Securitization）を行った（伊豆，2013）。証券化と

は，大量の住宅ローン債権を集め，それらのキャッシュフローを裏付けにした有価証券を発行する方法のことであり，これにより証券化商品（Securitized Products）が作られた。投資銀行は証券化商品を投資家に販売することでサブプライムローンのもつリスクを分散できると考えていた。

1-3 証券化商品の信用補完

証券化商品には，デフォルトから投資家を保護するための信用補完（Credit Enhancement）が必要であり，それには外部信用補完と内部信用補完という2つの方法がある[4]。

外部信用補完は，第三者が証券化商品の元利金の期日払いを保証する方式であり，米国では連邦政府機関であるジニーメイ（GNMA，連邦政府抵当金庫），政府支援機関（GSE）であるファニーメイ（FNMA，連邦住宅抵当公庫）やフレディマック（FHLMC，連邦住宅金融抵当公庫）[5]などが保証を行っていた。これら機関による外部信用補完により，投資家には証券化商品に政府保証があるように思われていた[6]（小林・大類，2008）。

内部信用補完方式は，資産から発生するキャッシュフローの組み換えによる方式であり，民間の証券化商品でみられる内部信用補完は優先劣後構造（Senior Subordinate Structure）によるものであった。この優先劣後構造が組まれることで，証券化商品は償還に際して優位なものや，それより劣るものなど，リスクの程度により異なる階層に分けて発行された。この階層はトランシェ（Tranche）

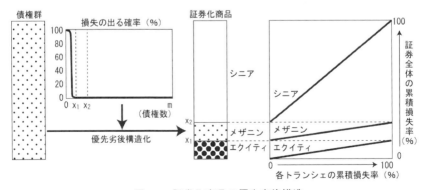

図 4-2　証券化商品の優先劣後構造

と呼ばれ，住宅ローンの証券化商品で最もリスクが低く資金回収の優先度が高いシニア債（Senior Bond），その次に回収できる見込みが大きいメザニン債（Mezzanine Bond），リスクを優先的に引き受けるエクイティ（Equities）というように，資金回収の安全性に応じた階層に分けられていた（図4-2）。この構造では，デフォルト発生時にエクイティ，メザニン債，シニア債の順番で配当が停止され，信用リスクを投資家が受け持つことになっていた。

1-4　証券化商品によるリスクの拡散

　証券化商品は，住宅ローンだけではなく，クレジットカード債権や自動車ローン債権，商業用不動産，企業向け貸付および社債など様々な資産を基にして作られ，住宅ローンが基になった商品はRMBS（Residential Mortgage Backed Securities，住宅ローン担保証券）やABS（Asset Backed Securities，資産担保証券）であった[7]。これらがCDO（Collateralized Debt Obligation，債務担保証券）の形に証券化されて，金融商品として投資家に販売された。証券化商品は，投資家にとって安価で入手できる優良商品であり，投資銀行にとってはリスクを分散して収益効率性を上げるツールであったため，急速に世界中に広まった。

　この証券化により，「大数の法則」（Law of Large Numbers）[8]によるリスク管理が可能と考えられたため，証券化商品には，スタンダード＆プアーズ（S&P），ムーディーズなどの民間の格付け機関（Rating Agency）により高い格付けがなされた。格付けは，債権ごとにAAAからCまで19段階程度で付与され，BBB以上なら投資適格，それに満たないBB以下は不適格[9]とされた。住宅ローンの証券化商品でいうと，優良な債権であるシニア債はAAA，それに準じるメザニン債はAA〜BBB，回収の危険があるエクイティはBBという格付けとなった（中空, 2009）。

　証券化商品を，投資家の求めるリスクやリターンに対応させるため，複雑に債権を組み換えた再証券化商品が作られた（図4-3）。たとえばメザニン債を集め，優先劣後構造に組み換えて再証券化することで，AAAではない証券から，一定割合のAAA証券を組成することが行われた[10]。このような操作を繰り返しているうちに，高い格付けをもつ多数の金融商品が生成され，それら商品のリスクを正しく理解できない金融機関や投資家が，格付け評価のみを信じてサブプライムローン債権を含む金融商品を購入した[11]（猪木, 2009）。

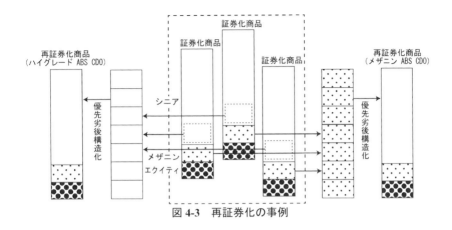

図 4-3　再証券化の事例

　さらに，米国では，CDS（Credit Default Swap）により，損失発生時に損失額の補填を受けることができる仕組みとなっていた。このCDSは，債権の信用リスクの移転を目的としたデリバティブ契約取引の一種であり，契約の際に債権自体を移転する必要はなかった。サブプライムローン債権を含む証券化商品に対しては，AIG（アメリカン・インターナショナル・グループ）などが，CDS取引を盛んに行った。

　このように債権の証券化が行われ，それに高い格付けや保険会社による保証が加わったことで，証券化商品を世界中の投資家が購入し，それによってリスクが世界中に広まることとなった（小林・中林，2010）。

2．サブプライム問題の発生

　米国では住宅ローンを基にする証券化商品が販売され続けたが，住宅価格が高くなりすぎたことで需要が落ち込み，2006年前半に住宅バブルが崩壊した。サブプライムローンは，連動していた短期金利の上昇により返済額が上昇した。また，住宅価格の下落で担保価値が下がったため，金利の低いローンへの借り換えなどに関する金融機関の融資審査が厳しくなり，それによってサブプライムローンの債務不履行が急増した。

　住宅バブルの崩壊当初は，エクイティ部分の回収が疑われ，サブプライムローンの遅延率が高まるとメザニン債の価格が下落し，さらに遅延率が高まるとシ

ニア債まで価格が下落した。これは，時間の経過とともに投資家の不安心理が増幅されたことによる。サブプライムローンは住宅ローン全体の中では，わずかな比率であった。しかし，投資家の不安心理が増幅されたことで市場に対する過剰反応となり，債権の価格を引き下げ，最後には取引価格が付かない価格機能不全が引き起こされた。この投資家の不安心理による過剰反応は，アジア通貨危機でもみられた現象であった。

　サブプライム損失のピークは 2007 年第 4 四半期（10 ～ 12 月）である（中空，2009）。2007 年に住宅ローンを基にした金融商品が価格機能不全の状態に陥り，欧米の大手金融機関は巨額損失を計上した。その損失処理で自己資本が減少したため，大手金融機関は貸し渋り（金融機関が自らの経営安定を優先し，企業に対する新規融資や追加融資を控えること）を始めた。この貸し渋りにより流動性が極端に逼迫し，高い金利を支払っても資金調達が困難になる信用収縮（Credit Crunch）が発生した。サブプライムローン関連ではヨーロッパの金融機関も巨額損失を計上していたので，信用収縮は短期間で世界中に広がった。このような状況で各金融機関は資金調達の必要性から保有株を売る動きが広がり，ファンダメンタルズに問題はなかった日本やニューヨークの株式市場でも株価が暴落する結果になった（日本経済新聞社編，2009）（図 4-4）。

図 4-4　米国と日本の株価変動
CEIC データベースにより作成。

第4章 世界金融危機の東南アジア経済への影響　69

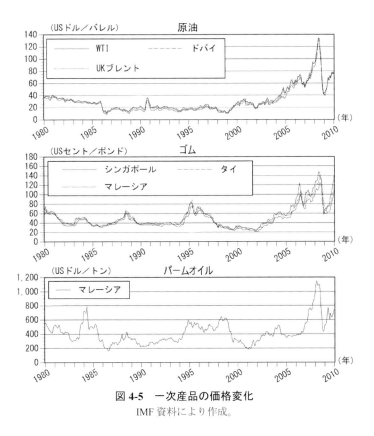

図 4-5　一次産品の価格変化
IMF 資料により作成。

　なお，株価暴落の後，国際マネーは 2008 年前半にニューヨークの原油先物取引市場に流れ込み，2008 年 7 月には 1 バレル 147.27 ドルにまで上がった[12]（図 4-5）。ガソリン価格は原油価格に連動するため，ガソリンの代替エネルギー源であるバイオエタノール[13]やバイオディーゼル（BDF: Bio Diesel Fuel）が注目された。バイオエタノールはトウモロコシやサトウキビなどから，BDF はパームオイルなどの油脂から製造されるため，これらの原料価格が上昇した。また原油価格は，これを原料にする合成ゴムの価格に繋がるので，その競合品である天然ゴムの価格も高くなった。この時期における様々な一次産品の価格上昇は，ドルに対する信頼が揺らぎつつあることや，投資家が実需を重視するようになったことによる（野口，2008）。

3. 世界金融危機の顕在化

　サブプライムローン問題に端を発した金融市場の混乱は，2007年第1四半期から第3四半期にかけて深刻化した（表4-1）。2007年8月9日に，フランスのパリに本拠を置く大手金融機関BNPパリバが，傘下にある投資ファンドの償還凍結を発表すると，金融市場は一時的にパニック状態に陥った（パリバ・ショック）。その後，同年9月14日には，イギリスのノーザンロック銀行で取付け騒ぎが発生し，同年12月12日には短期市場の流動性逼迫からFRBやECBなど米欧の5中央銀行が金融市場の安定化に向けた緊急の資金供給策を発表した（財務省，2011）。2008年3月には米国大手投資銀行ベア・スターンズが経営危機に陥り，7月13日には米国GSE2社への政府支援策が発表された。

　2008年9月15日に連邦破産法第11条を申請して米国大手投資銀行リーマン・ブラザーズが経営破綻したことにより，国際金融資本市場の緊張は一気に高まった（リーマン・ショック）。当時，米国で第4位の資産規模であったリーマン・ブラザーズの破綻は，政府による金融機関救済という投資家の期待を裏切る結果となった。また，同日に米国大手投資銀行メリルリンチが，大手商業銀行バンク・オブ・アメリカに買収されることが発表になり，金融市場は本格的なパニックに陥った。

　この金融市場の混乱で資金の流れが停滞したことにより，実体経済が急速に悪化した（図4-6）。信用収縮に重なり雇用環境が悪化したことで米国の個人消費は落ち込み，対米輸出に依存していた各国の輸出が急減した。2008年第4四半期以降，米国経済の悪化に影響され，日本の景気後退は戦後最悪となった（飯島，2012）。また同時期に，長期間ゼロ金利状態を続けてきた日本で資金調達を行っていた世界中の金融機関が投資活動から撤退し，資金返済のためにドルやユーロを円に換える動きが加速した（竹森，2013）。これにより，2008年12月18日には1ドル87円台になるなど急激な円高が進行し，日本の輸出産業に大きな影響が出た。

　ヨーロッパの銀行もリーマン・ショック以降には外貨の調達が困難になった。外貨流動性の拡大のため2007年12月12日にFRBを初めとした欧米5中央銀行による資金供給策が発表され，12月17日には為替スワップ[14)]でヨーロッパ中央銀行（ECB: European Central Bank）に200億ドル，スイス中央銀行

表 4-1 パリバ・ショック以降の世界金融危機に関する動向

2007年		10/1	EU：金融機関支援のガイダンスを公表
8/9	＜パリバ・ショック＞	10/2	ギリシャ：預金の全額保護を発表
	フランス：ＢＮＰパリバが傘下ファンドの償還・解約凍結	10/3	米国：上下両院で緊急経済安定化法が成立
	FRB, ECB：緊急資金供給	10/4	フランス：4カ国会合でフランス提案の欧州救済基金構想をドイツが拒否
9/14	イギリス：大手住宅金融 Northern Rock 銀行で取付け騒ぎ	10/5	ドイツ：個人預金の全額保護を発表
10/9	米国：ダウ平均が史上最高の 14,164 ドル	10/6	米欧6銀行：同時利下げ
10/30	米国：巨額損失の責任でメリルリンチ CEO 辞任		アイスランド：政府が非常事態宣言
11/3	米国：巨額損失の責任でシティグループ CEO 辞任		イギリス：株価急落
12/12	欧米5中央銀行：新たな資金供給策	10/7	米国：FRB がコマーシャル・ペーパー買取制度導入
2008年		10/8	イギリス：包括的銀行支援策「ブラウン・プラン」発表
1/3	原油価格が1バレル 100 ドルを突破（史上初）		欧米6か国の中央銀行が協調利下げ
2/17	イギリス：大手住宅金融 Northern Rock 銀行が一時国有化	10/9	アイルランド：Caupthing 銀行の国営化
3/16	米国：ＪＰモルガンがベア・スターンズを買収、FRB がプライマリーディーラー向け貸出制度を導入		オランダ、イタリア：資本注入制度導入
3/17	日本：円高で1ドル 95.77 円、日経平均が下落	10/10	米国：G7 で公的資金注入を含む行動計画採択
7/9	EU：ECB 政策金利引き上げ		日本：大和生命保険が経営破綻
7/11	原油価格が1バレル 147.27 ドル（史上最高額）	10/12	EU：ユーロ圏首脳会議で行動計画採択
	米国：中堅地銀インディマック破綻		ポルトガル：銀行の債務保証制度導入
7/13	米国：ポールソン財務長官らが GSE 2社への支援策発表	10/13	米国：ダウ平均が史上最大の上げ幅（936 ドル）
7/30	米国：GSE 問題のために住宅経済復興法が成立		イギリス：大手金融機関3行に資本注入
9/7	米国：GSE を政府管理下に置くと発表		オランダ、オーストリア、スペイン：債務保証制度導入
9/9	米国：リーマン・ブラザーズの株価急落		日欧米5中央銀行：流動性向上のための対策発表
9/15	＜リーマン・ショック＞	10/14	米国：G7 行動計画実施のための資本注入
	米国：リーマン・ブラザーズが連邦破産法第11条申請、バンク・オブ・アメリカがメリルリンチを買収	10/17	ドイツ：金融市場安定化法が成立
9/16	米国：FRB が大手保険会社 AIG に資金融資	10/19	オランダ：大手金融機関 ING に資本注入
9/18	日欧米 10 中央銀行による資金供給策発表	10/20	フランス：大手金融機関6行に資本注入
9/19	米国：政府が金融システム安定化策を発表	10/21	ドイツ：バイエルン州立銀行が初の資本注入申請
9/20	アイルランド：預金保護限度引上げ	10/27	日本：日経平均が 7,162 円（バブル後最安値更新）
9/21	米国：ゴールドマン・サックスとモルガン・スタンレーが銀行持ち株会社への移行を発表	10/29	EU：金融支援の行動計画発表
9/22	G7 が国際金融市場の動揺に関する声明発表		IMF, FRB：新興国のため資金供給策発表
9/24	米国：FRB 各国中銀にドル追加供給	10/30	ドイツ：ハイポ・リアルエステートに資本注入
9/25	米国：大手銀行ワシントン・ミューチュアルが破綻	10/31	日本：日銀が政策金利を引き下げ
9/28	ベネルクス3国：ベルギー・オランダ系金融機関 Fortis に公的資金注入	11/3	ドイツ：Kommerz 銀行が資本注入申請
9/29	米国：下院が緊急経済安定化法案を否決、ダウ平均が史上最大の下げ幅（-777 ドル）		韓国：政府が総合経済対策発表
	ベネルクス3国：大手金融機関フォルティスに資金注入	11/5	ドイツ：政府が経済対策発表
	アイスランド：Glitnir 銀行を国有化		IMF：ウクライナに対する融資承認
	ドイツ：住宅大手金融機関 Hypo Real Estate に資金供給	11/9	中国：政府が経済対策発表
9/30	フランス、ベルギー、ルクセンブルグ：大手銀行 Dexia に資金注入	11/10	米国：政府が AIG への支援拡大を発表
	アイルランド：民間銀行の預金・社債の全額保護を発表	11/15	米国：ワシントンで G20 金融サミット
		11/19	米国：ダウ平均で 8,000 ドル割れ
		11/20	原油価格が1バレル 49.62 ドル（最高値の 1/3）
		11/22	EU：ラトビアに緊急支援
		11/23	米国：政府がシティグループへの支援策発表
		12/12	EU：経済救済計画採択

小林・大類（2008），内閣府（2008），長部（2010），日本経済新聞社編（2009），野口（2008），日本経済新聞（2013 年 9 月 1 日朝刊）により作成。

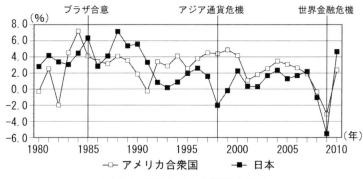

図 4-6　米国と日本の経済成長率
内閣府資料により作成。

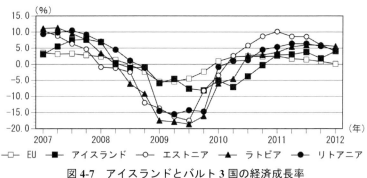

図 4-7　アイスランドとバルト 3 国の経済成長率
CEIC データベースにより作成。

に 40 億ドルが供給された。また，2008 年 9 月 18 日には日欧米 10 中央銀行による資金供給策が発表され，ドル資金供与枠が 6,200 億ドルに拡大された (長部，2010)。しかし，ヨーロッパの銀行が周辺部への貸付の回収にまわったことで，アイスランドやバルト 3 国などの経済は急速に悪化し (図 4-7)，大手金融機関が次々に国有化され，IMF に緊急融資を要請せざるを得ない状況になった[15] (内閣府，2009)。このようにして 2008 年 9 月から金融危機が国際的に拡大した。

4．世界金融危機の東南アジアの金融への影響

　ここからは世界金融危機が東南アジア諸国に及ぼした金融への影響をみる。1997 年に生起したアジア通貨危機で急激に経済が悪化した東南アジア諸国は，

(1) 健全なマクロ経済運営，(2) 外貨準備高の積み上げ，(3) 金融機関の健全化と信用維持のための枠組み整備などの取り組みを行ってきたため，各国のファンダメンタルズは大きく改善した（永田 2003；Burton and Zanello, 2007；平塚・伊藤，2009；石川，2013）。その結果，2001～2005年における実質経済成長率の年平均値は，インドネシアで4.7％，シンガポールで4.8％，タイで5.1％，フィリピンで4.6％，マレーシアで4.8％となり，各国とも危機前の水準に回復した（図4-8）。

　2000年代後半になって米国でサブプライム問題が発生し，これを発端として世界金融危機が発生したことで，信用収縮や貿易取引の縮小による影響が世界中に波及した。しかし，東南アジア諸国では，アジア通貨危機以降に健全なマクロ経済運営が維持されてきたため，世界金融危機の影響は大きなものにはならないと考えられた。たとえばIMF（2007）は，住宅市場の調整に端を発した米国経済の減速に対し，当初アジア経済への影響は比較的軽微に留まるとの見方を示した。これは，(1) アジアの主要輸出品は半導体，電子部品，情報通信機器などであり，米国における住宅市場の直接的な影響は小さいこと，(2) 輸出全体に占める対米輸出の比率が低下していること，(3) アジア諸国は財政措置や金融緩和などによる景気減速への対応力をもっていることなどの理由によるものであった。実際, 米国の成長率が2004年をピークに減速傾向をたどってきたのとは対照的に，アジアの経済成長率は2007年まで高い値を示していた。

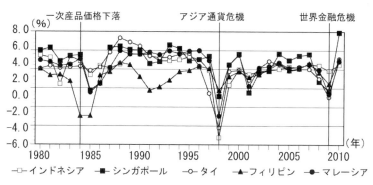

図4-8　東南アジア諸国の経済成長率
CEICデータベースにより作成。

74

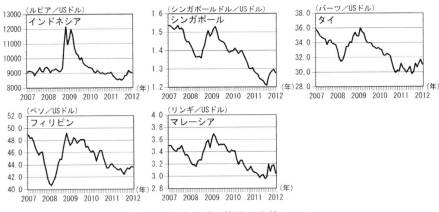

図 4-9 東南アジア諸国の為替レート
IMF 資料により作成。

　しかし，予想に反して東南アジアの通貨は下落し（図 4-9），実体経済にも影響が及んだ。2008 年第 4 四半期の実質 GDP 成長率をみるとシンガポールが -3.6％，タイが -3.8％であった。2009 年第 1 四半期（1 〜 3 月）の成長率は，シンガポールで -8.6％，タイで -7.5％と悪化し，マレーシアも -5.8％になった（図 4-10）。インドネシアやフィリピンはマイナス成長にはならなかったが，いずれも経済の減速を余儀なくされた。

　サブプライム問題の金融機関への影響をみると，欧米では金融機関が直接的もしくは間接的にサブプライム証券化商品に投資していたため巨額の損失計上を強いられた。しかし，東南アジア諸国では，こうした投資活動が一般化して

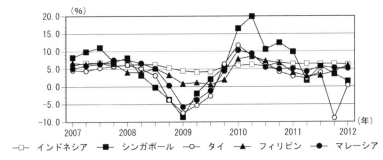

図 4-10 東南アジア諸国の四半期別経済成長率
CEIC データベースにより作成。

いなかったので，サブプライム問題による金融部門への直接的影響は小さかった。それよりも，グローバルな信用収縮の影響で国際的な資本フローが縮小し，それに伴って資本が流出した影響の方が重大であった（平塚・伊藤，2009）。

東南アジア諸国の投資収支をみると（図4-11），シンガポール，タイ，マレーシアは2008年第2四半期（4～6月）に，インドネシアとフィリピンは2008年第4四半期に流入超過から流出超過へと転じた。投資収支の内訳では，流出しにくい直接投資ではなく，証券投資の流出が顕著であり，シンガポールは2007年の第4四半期から，タイ，フィリピン，マレーシアは2008年の第2四半期から流出が続いた。また，インドネシアは2008年第4四半期に証券投資の著しい流出がみられた。このように債券などによる資金調達を増やしてきた各国は，この資金流出の影響が大きかった。

一般に開発途上国で資金流出が続くと，ドル調達が困難になり，通貨危機が

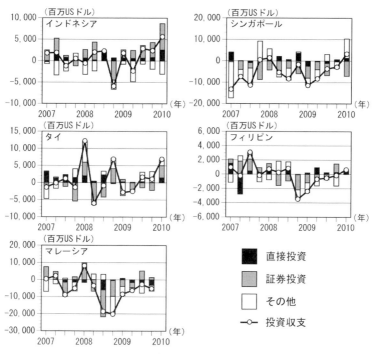

図 4-11　東南アジア諸国の投資収支

IMF 資料により作成。

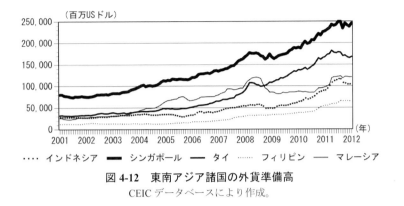

図 4-12　東南アジア諸国の外貨準備高
CEIC データベースにより作成。

発生する可能性が生じる。しかし東南アジア諸国は，アジア通貨危機における外貨準備不足の経験から，外貨準備高を積み増してきたため（図4-12），IMFの緊急融資を必要とする事態には至らなかった[16]。たとえばマレーシアの外貨準備は2000年1月の239億ドルから2008年1月の1,029億ドルへと約4.0倍の規模になった。また，タイは2.8倍，フィリピン2.5倍，シンガポールは2.1倍，インドネシアは1.9倍に増えた。これらの国で外貨準備高が増加したのは，アジア通貨危機の後に経常収支が赤字から黒字に転じ，2006年や2007年には投資の流入額が拡大したためであった[17]（石川，2009）。

5. 世界金融危機の東南アジアの実体経済への影響

　東南アジア諸国の金融にとって，世界金融危機は深刻な事態をもたらすものではなかった。それよりも，伊藤（2009）が指摘するように，東南アジア諸国には世界的不況による実体経済へ影響の方が大きかった。

　東南アジア諸国における輸出額の変化をみると（図4-13），2008年第3四半期（7～9月）から第4四半期にかけて，シンガポールは-21.8％，マレーシアは-25.0％，フィリピンは-24.5％，タイは-22.6％，インドネシアは-21.8％と急激に減少した。また，2008年第4四半期から2009年第1四半期にかけての輸出額の減少率をみると，シンガポールは-18.3％，マレーシアは-22.3％，フィリピンは-22.3％，タイは-13.0％，インドネシアは-18.7％となった。このようにリーマン・ショック後，世界経済が急速に冷え込み始めた時期に，東南アジ

第4章 世界金融危機の東南アジア経済への影響　77

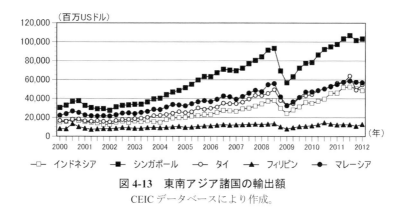

図 4-13　東南アジア諸国の輸出額
CEIC データベースにより作成。

ア諸国の輸出は急速に落ち込み始めた。

　国による輸出の減少率の差は，主要輸出品目の違いに関係していた。輸出額の減少が大きいシンガポールやマレーシアでは，輸出型の電子・電機製品，特に電子部品の落ち込みが輸出全体に影響した（図 4-14）。このような中間財の輸出額の増減は，素材や消費財に較べて世界景気の影響が強かった（平塚・伊藤，2009；飯島，2012；渋谷，2013）。

　なお，貿易の変化に対応して製造業の GDP は下がり（図 4-15），米国を主要市場とする輸出指向型の電子・電機製品が製造業で大きな比重を占めているシンガポールやマレーシアでは減少幅が大きかった。逆に，インドネシアは輸

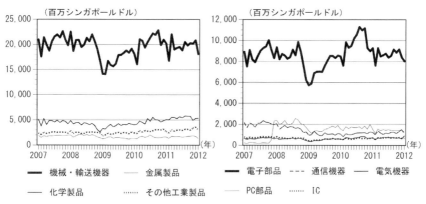

図 4-14　シンガポールの品目別輸出額
CEIC データベースにより作成。

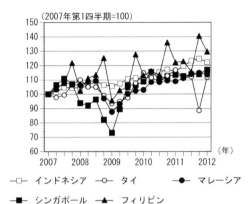

図 4-15　東南アジア諸国の製造業 GDP
CEIC データベースにより作成。

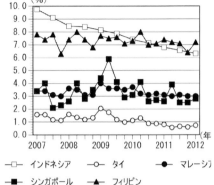

図 4-16　東南アジア諸国の失業率
CEIC データベースにより作成。

出依存度が比較的小さいことに加え，国内市場販売型の二輪車や家電などへの需要が大きいことから製造業 GDP への影響は少なかった（みずほ総合研究所，2009）。また，この時期には東南アジア諸国で製造業を中心に雇用調整が実施されたため失業率が上昇した（図 4-16）。

このように，世界金融危機により東南アジアが被った経済的影響は，世界的不況による輸出の大幅な減少によるものが大きかった。景気変動に敏感な輸出品を経済成長に結びつけてきた国，特に輸出において米国への依存が大きかった国ほど今回の危機の影響を大きく受けた。逆に，内需依存度の高い国は，金融危機の実体経済への影響が小さかったことから，東南アジア諸国での需要喚起が今後の重要な課題となった。

注
1) この IT バブルはドットコム・バブル（Dot-com Bubble）と呼ばれた。
2) 担保物件を処分すれば貸した資金を回収できるとの考えから，住宅ローン会社は，債務者の返済能力ではなく，住宅の担保価値のみをあてにした融資を行っていた。
3) 投資銀行は，預金業務を行わず，証券や社債の発行で集めた資金により投資を行う金融機関である。米国では 1933 年に成立したグラス・スティーガル法（Glass-Steagall Act）により商業銀行と投資銀行を 1 つの法人が兼業することが禁止されていたので，投資銀行は一般の客から預金を集めることができなかった。
4) 証券化商品の信用補完とは，投資家に販売される証券化商品に関する債務の弁済を担保

し，商品の信用を高めるための措置のことである。
5) ジニーメイ（GNMA: Government National Mortgage Association）は，1968 年に政府の全額出資企業として設立された連邦政府抵当金庫のことで，住宅ローン債権の証券化を行うのではなく，証券の支払保証を行うことが業務である。ファニーメイ（FNMA: Federal National Mortgage Association）は連邦住宅抵当公庫のことで，1934 年国家住宅法に基づいて 1938 年に設立された。フレディマック（FHLMC: Federal Home Loan Mortgage Corporation）は連邦住宅金融抵当公庫のことで，1970 年緊急住宅金融法により設立された。両社とも民営化されており，ファニーメイは 1970 年に，フレディマックは 1988 年にニューヨーク証券取引所に株式を上場した。
6) 住宅ローンにデフォルトがあった場合には，その分の投資家への支払いを，これら機関が立て替えることになっていた。
7) クレジットカード債権や自動車ローン債権が基になった商品も ABS である。さらに，商業用不動産が基になった商品は商業用不動産ローン担保証券（CMBS: Commercial Mortgage Backed Securities），企業向け貸付債権や社債が基になった商品は CDO（Collateralized Debt Obligation）である。CDO は債務担保証券であり，証券化商品ないし広義の資産担保証券（ABS）のうち，国や企業に対する貸付や公社債といった大口の債権を原資産とする。CDO が公社債で構成されるものは CBO（Collateralized Bond Obligation），貸付債権で構成されるものは CLO（Collateralized Loan Obligation）と呼ばれる。
8) 試行を繰り返して求めた経験的確率は理論的確率に近づくということ。任意の事象の発生確率を過去のデータから推定することができるという点で金融などのリスク管理で応用されている。
9) BB 以下の不適格となったものはハイイールド債（いわゆるジャンク債）と呼ばれる。
10) これは商品の分散効果によりリスクが少なくなったと判断されるため高い格付けがなされた。
11) このような商品に高い格付けが与えられていたことが，結果的にリスクを世界中に拡散させた。格付けは，人間の判断をもちこめない切り離されたところで行われているため，その結果が正しいか検証するすべがなく，モデルの盲信に繋がった。
12) ニューヨークの原油先物取引で取引されている原油は WTI（ウェスト・テキサス・インターミディエット）という西テキサスで採掘される原油である。これが世界の原油価格の基準値の役割を果たしているため，この WTI の価格上昇により，世界中の原油価格が上昇した。しかし，2008 年 12 月にはサブプライムローン金融危機による需要の低迷から，原油価格は 1 バレル 30 ドル台にまで急落した。
13) エタノールとは，エチルアルコールのことであり，ガソリンと一緒に使えば，ガソリンの代わりになる。
14) たとえば ECB が米ドルを銀行に供給し，同時にある一定期間後に同額の米ドルを銀行が ECB に売るという取引である（新保，1996）。この入札は固定価格で行われたため，将来の為替レートや金利の変動によって生じる損失を回避することができ，銀行は安心して外貨の供給を受けることができる。なお，為替スワップは米ドルが中心であったが，スイスフランや英ポンドなどでも行われた（財務省，2011）。
15) 海外資金に依存する形で国力を大幅に上回る金融部門の成長を成し遂げてきたアイスラ

ンドは，信用収縮に対して脆弱であった（平塚・伊藤，2009）．同国は海外資金の引き揚げに直面した大手銀行を公的援助せざるを得ない状況に陥り，国家破綻の危機に直面した．アイスランドでは，2008年9月29日にGlitnir銀行が国有化，10月7〜8日に他の2行が国有化された．また，2008年10月6日には，アイスランドで非常事態宣言が出され，民間銀行が政府管理下に置かれた．さらに，10月24日にはIMFが緊急融資（21億ドル）を行い，2009年1月26日には政権が崩壊した．
16) 外国資金の引き揚げが起きた場合，問題となるのは短期債務であり，その比率が小さければ影響は限定される．東南アジア諸国は通貨危機の教訓から，対外債務を抑制し，その外貨準備に対する比率を小さく保ってきた．また，外貨準備高を積み増して為替レートの急落に備えた．東南アジア諸国は通貨危機以降に対外債務を慎重に管理し，危機に対する抵抗力を強化してきた（石川，2009）．
17) インドネシアは，1997年における経常収支の対GDP比が-2.3%であったのが2007年には2.5%となった．同じく，マレーシアは-4.4%が15.5%に，フィリピンは-5.3%が4.4%に，タイは-2.1%が6.1%になった．なお，シンガポールはアジア通貨危機時にも経常収支は黒字であり，1997年には15.5%，2007年には24.3%であった．

参考文献
飯島寛之（2012）：減速するアジア経済と「揺れる」日本．山口義行編『終わりなき世界金融危機　バブルレス・エコノミーの時代』岩波書店，125-160.
石川幸一（2009）：世界金融危機とASEAN5の経済．国際貿易と投資，78，31-44.
石川耕三（2013）：東南アジア経済とグローバル化．渋谷博史，河﨑信樹，田村太一編『世界経済とグローバル化』学文社，121-141.
伊豆　久（2013）：グローバル化と国際金融危機．渋谷博史，河﨑信樹，田村太一編『世界経済とグローバル化』学文社，64-82.
伊藤隆敏（2009）：世界金融危機のアジアへの影響と政策対応．内閣府経済社会総合研究所『平成21年度国際共同研究「世界金融・経済危機」に関する報告書』，1-40.
猪木武徳（2009）：『戦後世界経済史　自由と平等の視点から』中央公論社．
長部重康（2010）：ヨーロッパの金融危機対応戦略と金融市場の脆弱性．経済志林，77(3)，173-217.
倉橋　透，小林正宏（2008）：『サブプライム問題の正しい考え方』中央公論社．
小林正宏，大類雄司（2008）：『世界金融危機はなぜ起こったか』東洋経済新聞社．
小林正宏，中林伸一（2010）：『通貨で読み解く世界経済』中央公論社．
財務省（2011）：『リーマン・ショック後の経済金融危機における財政投融資の対応』財務省理財局財政投融資総括課．
渋谷博史（2013）：貿易構造の変化　グローバル化と東アジア．東南アジア経済とグローバル化．渋谷博史，河﨑信樹，田村太一編『世界経済とグローバル化』学文社，35-46.
新保恵志（1996）：『デリバティブ　リスク・ヘッジが生み出すリスク』中央公論社．
竹森俊平（2013）：『通貨「円」の謎』文藝春秋．
内閣府（2008）：『世界経済の潮流2008年II−世界金融危機と今後の世界経済−』内閣府．
内閣府（2009）：『平成21年度年次経済財政報告—危機の克服と持続的回復への展望—』内閣府．

中空麻奈（2009）:『早わかりサブプライム不況「100 年に一度」の金融危機の構造と実相』朝日新書.
永田雅啓（2003）:通貨危機後のアジア経済 IMF 政策勧告の再評価. 季刊 国際貿易と投資, 53, 148-161.
日本経済新聞社編（2009）:『大収縮 検証・グローバル危機』日本経済新聞出版社.
野口悠紀雄（2008）:『世界経済危機 日本の罪と罰』ダイヤモンド社.
平塚宏和, 伊藤信悟(2009):世界金融危機のアジア経済への影響波及の構図. みずほ総研論集, 2009（3）, 1-46.
みずほ総合研究所（2009）:『世界金融危機とアジア経済〜資本フロー・貿易の縮小を通じた影響と各国・地域の政策対応〜』みずほリポート（2009 年 4 月 6 日）.
山口義行（2012）:バブルレス・エコノミーの苦悩と展望. 山口義行編『終わりなき世界金融危機 バブルレス・エコノミーの時代』岩波書店, 161-196.
Burton, D. and Zanello, A. (2007) : Asia Ten Years After. *A Quarterly Magazine of the IMF 'Finance and Development'*, 44 (2).
IMF (2007): *World Economic Outlook (April, 2007): Spillovers and Cycles in the Global Economy International Monetary.* IMF.

第 5 章

コロナショックの東南アジア経済への影響

1. 人口ボーナス期に入った東南アジア諸国

　本章は，2020 年に発生したコロナショックが，東南アジア経済に与えた影響について解説する。

　世界金融危機の後，2020 年に新型コロナウィルス感染症の影響を受けるまで，東南アジア経済は比較的順調に推移した。2011 年第 1 四半期から 2018 年第 4 四半期までの実質 GDP 成長率の平均では，シンガポールが 4.3%，インドネシアが 5.4%，タイが 3.4%，フィリピンが 6.3%，マレーシアが 5.2% であった（図 5-1）。タイでは，2011 年に起こったチャオプラヤ川流域の大洪水による工業団地の浸水被害や，2013 年 11 月から 2014 年 5 月にかけて起きた反政府デモにより成長率が一時的にマイナスとなった（野崎，2013）。しかし，インドネシアとマレーシアは 4～6% 台，フィリピンは 3～7% 台と安定したプラス成長が続いた。

　この期間における日本の平均成長率が 0.2%，米国が 0.6% であったことを考えると（図 5-2），東南アジア諸国では高い経済成長が維持されたといえる。なお，この期間に中国は平均 7.5% と東南アジアよりも高い成長率を示すが，2011 年第 1 四半期から 2014 年第 4 四半期までの平均が 8.2% であるのに対し，2015 年第 1 四半期から 2018 年第 4 四半期までは 6.9% と低下し，フィリピンと同程度の成長率となった。

　東南アジア諸国は，総人口に占める生産年齢（15 歳以上 65 歳未満）人口の比率が高くなる人口ボーナス期[1]に入っており，生産面では労働供給力が高まり，消費面では住宅費や消費支出が増加する状況となった（椎野，2015）。ここで人口ボーナス期を，生産年齢人口が従属人口（15 歳未満の若年人口と 65 歳以上の老齢人口の合計）の 2 倍以上となる時期とすると，タイは 1992 年，

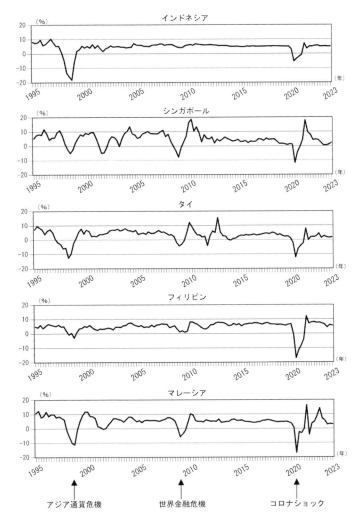

図 5-1 東南アジア諸国の実質 GDP 成長率（四半期，前年同期比）の推移
CEIC データにより作成。インドネシアは 2010 年価格，シンガポールとマレーシアは 2015 年価格，タイは 2002 年価格，フィリピンは 2018 年価格に基づいて実質 GDP を算出。そのため図 3-5，図 3-6，図 3-8 の実質 GDP 成長率とは数値が異なる。

マレーシアは 2010 年，インドネシアは 2014 年から人口ボーナス期に入った（図 5-3）。シンガポールは 1981 年に人口ボーナス期に入った後，2004～2019 年には生産年齢人口が従属人口の 3 倍以上となった。なお，フィリピンは 2020 年に 1.8

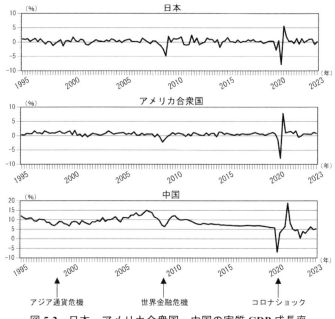

図 5-2　日本・アメリカ合衆国・中国の実質 GDP 成長率（四半期，前年同期比）の推移
CEIC データにより作成。

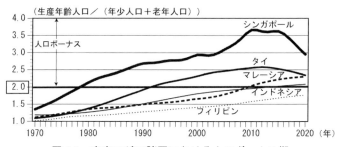

図 5-3　東南アジア諸国における人口ボーナス期
CEIC データにより作成。2.0 以上が人口ボーナス期。

倍であり，人口ボーナス期に入る直前の段階にある。このような人口の年齢構成の有利さが，世界金融危機後の東南アジア諸国の経済成長の要因となった。

　続いて，各国の外貨準備高をみると，アジア通貨危機の後，いずれの国も外

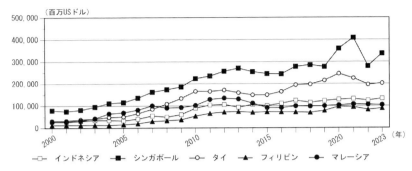

図 5-4　東南アジア諸国における外貨準備高の推移
IMF および CEIC データにより作成。

貨準備を増やしており（図 5-4），2000 年から 2023 年までにフィリピンは 6.8 倍，タイは 6.3 倍，インドネシアは 4.7 倍，シンガポールは 4.2 倍，マレーシアは 3.8 倍となった。なお，世界金融危機の際には，この外貨によって国内におけるドル資金の流通を確保することで，各国とも経済活動への影響を抑えた。

　経済成長を続ける中で，東南アジア諸国が国民の所得向上を目指したことにより，1 人当たり GNI（国民総所得，Gross National Income）は上昇が続いた[2]。東南アジアではシンガポールの 1 人当たり GNI が突出して高く，2007 年には日本を抜いた。1 人当たり GNI はシンガポールに次いでマレーシア，タイの順番で高く，インドネシアは 2010 年にフィリピンを抜いた（図 5-5）。これら

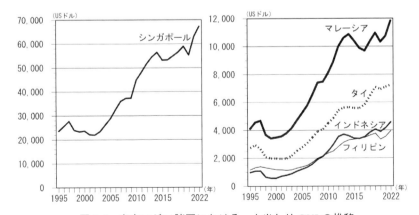

図 5-5　東南アジア諸国における一人当たり GNI の推移
CEIC データにより作成。元データは世界銀行および OECD データ。
米ドルに換算した国民総所得を人口で割った数値。

の国では1人当たりGNIが増加傾向にあり，1995年から2022年にかけてシンガポールは2.8倍，マレーシアは2.9倍，タイは2.6倍，インドネシアは4.7倍，フィリピンは3.4倍になった。

2. 新型コロナウィルス感染症（COVID-19）の感染拡大

世界金融危機後の世界経済は比較的順調に推移した。その間に，都市における機能集積によって人口が集中し，交流の機会が増えたことで新型コロナウィルスの感染が広がりやすい状況になった。また，国際的な分業ネットワークが強化されたため人や物の移動が活発化し，感染拡大の影響が世界経済全体に及びやすい状態になった。

2019年12月31日に新型コロナウィルス感染症（COVID-19）の最初の症例が中国の武漢市で確認され，2020年1月3日までに44人の患者がWHO（世界保健機関，World Health Organization）へ報告された（WHO, 2020）。その後，多くの国で症例が報告され，人から人への感染が確認されたことで，WHOは2020年1月30日にCOVID-19をIHR（国際保健規則，International Health Regulations）[3]における「国際的に懸念される公衆衛生上の緊急事態」（PHEIC : Public Health Emergency of International Concern）に該当すると宣言し，3月11日には世界的な大流行（パンデミック）の状態にあると公表した（WHO, 2020b）。

新型コロナウィルスは増殖や感染を繰り返して変異し，感染力が高く重症化しやすい変異株が出現した（図5-6）。2022年にはオミクロン株が発生し，BA.1/BA.1.1, BA.2, BA.3, BA.4, BA.5, XBB/XBB.1, BQ.1/BQ.1.1などの変異ウィルスが流行した[4]（Wang, 2023）。新たな変異株の出現によって感染が拡大す

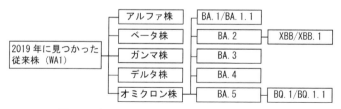

図5-6 新型コロナウィルスの変異株（一部）
Wang et al（2023）により作成。

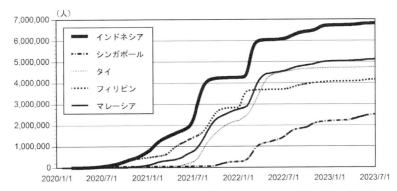

図 5-7　東南アジア諸国における新型コロナウィルス感染者数（累積）
CEIC データにより作成。

るたびに，各国では新たな感染対策や経済対策が打ち出された。

　東南アジア諸国における新型コロナウィルス感染者数（累計，延べ人数）をみると，2000 年 4 月 1 日にはタイが 1,771 人，シンガポールが 926 人，マレーシアが 2,766 人，フィリピンが 2,084 人，インドネシアが 1,677 人であった。それが，2023 年 7 月 1 日にはタイが 4,752,422 人，シンガポールが 2,511,724 人，マレーシアが 5,112,601 人，フィリピンが 4,164,757 人，インドネシアが 6,812,051 人となった（図 5-7）。この期間には変異株の流行などで感染拡大が深刻化する時期があり，インドネシアは 2021 年 7 〜 8 月と 2022 年 1 〜 2 月，フィリピンは 2021 年 8 〜 9 月と 2022 年 1 月，マレーシアは 2021 年 7 〜 8 月と 2022 年 1 月，タイは 2021 年 7 〜 10 月と 2022 年 2 月，シンガポールは 2022 年 2 〜 3 月に感染者数が急増した。

　いずれの国でも，2020 年前半には新型コロナウィルス感染拡大を抑えるために厳しい対策がとられた。この感染症対策の厳格度を示す指数として「オックスフォード Covid-19 政府対応トラッカー(OxCGRT)」が提案された（University of Oxford, 2020）。これは封じ込めと閉鎖政策に関する 8 指標（C1 〜 C8），経済政策に関する 4 指標（E1 〜 E4），保険制度に関する 8 指標（H1 〜 H8），ワクチン接種政策に関する 4 指標（V1 〜 V4）の 24 指標で政策の厳しさを表現したものである[5]（表 5-1）。

　オックスフォード Covid-19 政府対応トラッカーで各国の厳格度指数をみる

表 5-1 オックスフォード Covid-19 政府対応トラッカー（OxCGRT）

グループ	指標
C 封じ込めと閉鎖政策	C1: 学校閉鎖，C2: 職場閉鎖，C3: 公開イベントのキャンセル，C4: 集会の制限，C5: 公共交通機関，C6: 自宅待機命令，C7: 国内移動の制限，C8: 国際旅行管理
E 経済政策	E1: 所得支援，E2: 世帯の債務・契約救済，E3: 財政措置，E4: 他国への支援の提供
H 保健制度政策	H1: 広報キャンペーン，H2: テストポリシー，H3: 接触者追跡，H4: 医療への緊急投資，H5: ワクチンへの投資，H6: フェイスカバー，H7: ワクチン接種ポリシー，H8: 高齢者の保護
V ワクチン接種政策	V1: ワクチンの優先順位，V2: ワクチンの適格性／入手可能性，V3: ワクチン財政支援，V4: 義務的予防接種

University of Oxford (2020) により作成。

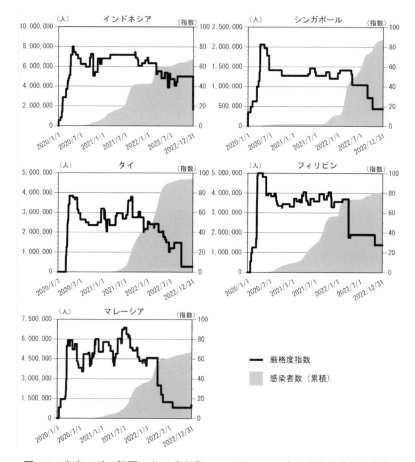

図 5-8　東南アジア諸国における新型コロナウィルス感染者数と厳格度指数
　　CEIC データにより作成。厳格度指数はオックスフォード Covid-19 政府対応トラッカーによる。

と（図 5-8），いずれの国でも 2020 年前半には高い指数となったが，その後の変化には国による違いが認められた。東南アジアで最も早く厳格な対策を行ったフィリピンでは，3 月 22 日に厳格度指数が最高値である 100.0 となり，これは 4 月 30 日まで続いた。逆に対策が遅かったインドネシアでは 3 月末の指数が 50.9 と低く，4 月 24 日から 80.1 となったものの，5 月 2 日までの短い期間であった。シンガポールとタイでは 4 月上旬から 5 月上旬にかけて指数のピークがあった。

マレーシアでは頻繁に厳格度指数が上下し，指数のピークは他国より遅い 2021 年 7 月 1 ～ 19 日の 91.7 であった。マレーシアでは 2021 年 6 月 15 ～ 30 日と 7 月 20 日～ 8 月 3 日など頻繁に厳格度指数が高水準になる時期があり，2020 年にも早い時期から高い指数を示していた。

2022 年になると，いずれの国でも経済対策のための規制緩和を進めたことにより厳格度指数は低下し，それに伴って新型コロナウィルス感染者は増加した。

3. コロナショックによる経済への影響

3-1　コロナショックの発生

新型コロナウィルスの感染が世界的に拡大すると，それを抑制するために各国では人や物の移動が厳しく制限された。これにより世界経済は急速に悪化し，コロナショックと呼ばれる経済的な危機が発生した。

1990 年代後半に起きたアジア通貨危機では，国外への急速な資金流出により国内での資金調達が困難になり，個人消費や企業の設備投資が減少した。また，2000 年代後半に起きた世界金融危機では，米国の住宅バブル崩壊が原因となって信用収縮が起こったことで資金調達が困難になり，個人消費や企業の設備投資が減少した。これら 2 つの危機は，危機が深刻化するプロセスは異なるが，いずれも需要側の事情で発生した危機であった。しかし，コロナショックは需要だけでなく供給の面からも引き起こされた危機であった（経済産業省，2020）。

コロナショックの原因は新型コロナウィルスの感染拡大であり，自然災害のようにインフラや各種設備が被害を受けたわけではないため，商品やサービスの供給能力は失われていなかった。また，資金調達の困難さが個人消費や企業

の投資に影響を与えたわけではないため，需要側の意欲は減退していなかった。

　新型コロナウィルスの感染が拡大する中で緊急対策として非常に厳格な措置が実施され，隔離などで社会的な活動が制限されたため，生産や流通に支障が生じた。それによる物資の不足が国際分業体制におけるサプライチェーンを途絶させる供給側への影響が生じた。

　さらに観光など対面接触によるサービス需要が落ち込み，需要側での影響も生じた。感染拡大を抑制するために実施された外出制限やロックダウン（都市封鎖）は，各種サービスの提供を停止させるものであり，個人消費は大幅に落ち込んだ。加えて継続的に購入される食品や洗剤などの非耐久消費財と異なり，自動車などの耐久消費財の購入は先送りされ，この点でも需要が減少した。

　このように，コロナショックは供給と需要の双方の事情で起きた危機であり，需要の減少が生産や輸出の減少をもたらして世界的な貿易の縮小に繋がった。これによって世界各国では失業率が上昇し，雇用や所得も悪化した。供給能力があるのに供給できず，需要意欲があるのに購入できない状態が続く中で，需要と供給が相互に影響して，東南アジア諸国でも経済危機が深刻化した。

3-2　各国の感染対策と経済状況

（1）インドネシア

　インドネシアでは，新型コロナウィルス対策が遅く，大規模な社会制限を実施する際には，あくまでも自主的な活動制限を要請する措置であった（表5-2）。さらに，感染が拡大する中で大規模社会制限の一部を解除するなど，経済対策に重点が置かれたことで，早くから多くの感染者が発生した。感染対策が始まった2020年の失業率は7.1%であり，前年の5.18%から悪化した（図5-9）。

　四半期別（前年同期比）の経済成長率をみると，他の国が-10%以上を示す中で，インドネシアは-5.5%であり，これは感染拡大の中でも経済対策に重点を置いたことによる。インドネシアは，アジア通貨危機のあった1998年第2四半期に-13.3%，第3四半期に-16.0%，第4四半期に-18.3%と大きなマイナス成長を経験したが，これらと比較するとコロナショックによる影響は小さかった。

　需要側では民間消費と総固定資本形成がマイナスとなり，供給側ではサービ

ス業，製造業，建設業がマイナスとなった（図5-10，図5-11）。ただし，資源価格の高騰から輸出が大幅に拡大したことで，2021年の第2四半期からはプラスとなった。

表5-2　東南アジア諸国の新型コロナウィルス感染対策（2020年1～6月）

インドネシア

2/25	観光業支援など経済政策パッケージ発表
3/ 2	国内で初めて新型コロナ感染者を確認
3/11	国内で初めて新型コロナ感染により死亡
3/13	緊急対策タスクフォース設置，第2弾経済政策パッケージ発表
3/17	感染拡大地域のモスクでの金曜礼拝を禁止
3/20	入国時のビザ免除措置を中止
4/ 2	外国人の入国禁止措置開始
4/13	新型コロナ感染拡大が「国家的災害」に指定
4/15	ジャカルタ周辺などで大規模社会制限開始
4/22	西スマトラ州・西ジャワ州などで大規模社会制限開始
4/28	東ジャワ州などで大規模社会制限開始
5/ 6	大規模社会制限を全州に拡大
5/17	国家経済復興（PEN）プログラム策定
6/ 1	西ジャワ州で大規模社会制限を一部解除
6/ 5	ジャカルタ州で大規模社会制限を一部解除

タイ

1/12	スワンナブーム空港で観光客の感染確認
1/19	タイ人初の感染確認
3/ 1	危険伝染病に指定
3/ 3	防疫総合対策計画決定
3/10	景気刺激策承認
3/18	全国一斉休校
3/24	インフォーマルセクター労働者への給付決定
3/25	非常事態宣言，COVID-19問題解決センター（CCSA）設置
3/31	インフォーマルセクター労働者への給付拡大
4/ 3	夜間外出禁止令，海外から航空便乗入停止
4/ 7	追加の経済対策を決定
4/27	非常事態宣言の延長決定
4/28	現金給付を農家にも拡大
5/ 3	一部の商業施設の営業再開許可
5/17	商業施設再開を条件付き認可
6/15	夜間外出禁止令解除

シンガポール

1/23	新型コロナウィルス感染者を国内で初確認
2/ 7	新型コロナウィルスの警戒レベル引き上げ
3/17	国境封鎖を発表
3/25	マレーシアからの入国要件を緩和
4/ 7	新型コロナウィルス対策の暫定措置法を可決，サーキットブレーカーを発動
4/21	外国人労働者の全宿舎を封鎖・隔離
6/ 2	サーキットブレーカーの第1段階緩和を実施
6/19	サーキットブレーカーの第2段階緩和を実施

フィリピン

2/ 2	中国以外で初の死亡例報告
2/17	医薬品価格高騰防止の行政命令（6/2施行）
3/ 8	公衆衛生に関する緊急事態宣言
3/15	マニラ首都圏で隔離措置を発令
3/16	ルソン島全土で広域隔離措置を発令，全土に災害事態宣言発出
3/17	フィリピン証券取引所すべての取引業務停止
3/24	バヤニハン法成立

マレーシア

2/27	経済刺激策発表
3/18	活動制限令（MCO）施行
3/25	MCO延長
3/27	追加の経済刺激「Prihatin」発表，強化された活動制限（EMCO）適用
4/ 6	追加の経済政策発表
4/10	活動制限令延長（2回目）
4/23	活動制限令延長（3回目）
4/28	一部産業の企業に稼働許可
5/ 1	条件付き活動制限令（CMCO）発表
5/10	CMCO延長
6/ 5	短期経済刺激策「Penjana」発表
6/ 7	回復のための活動制限令（RMCO）発表

アジア経済研究所（2021）により作成。

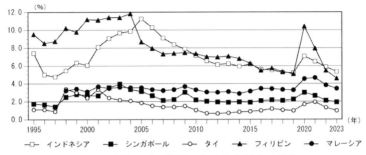

図 5-9　東南アジア諸国における失業率の推移
CEIC データにより作成。

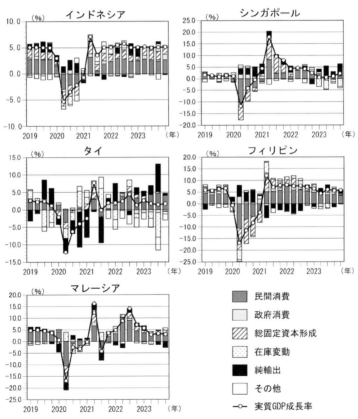

図 5-10　東南アジア諸国における実質 GDP 成長率（需要）
CEIC データにより作成。

（2）シンガポール

シンガポールでは，2020年4月には外国人労働者の間で感染爆発が発生したことから，都市封鎖など感染対策としての規制が強化された（アジア経済研究所編，2021）。2020年の失業率は3.0%であり，前年の2.3%からは，わずかな増加となった（図5-9）。

2020年の経済成長率は第2四半期に規制強化の影響で-13.3%となった。シンガポールではアジア通貨危機のあった1998年第4四半期には-2.6%，世界金融危機のあった2009年第1四半期には-7.7%であったことを考えると，コ

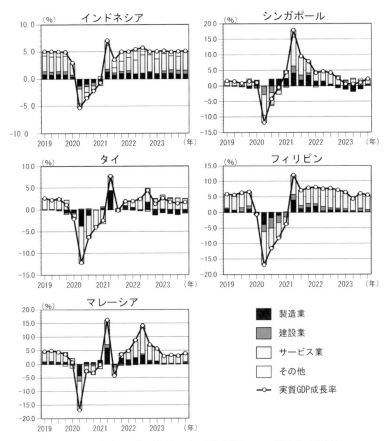

図5-11 東南アジア諸国における実質GDP成長率（供給）
CEICデータにより作成。

ロナショックは，これまでにないマイナスの影響を与えた。

需要側では民間消費と総固定資本形成，供給側ではサービス業と建設業が大きくマイナスとなった（図5-10，図5-11）。その後は，製造業がプラスを維持し，社会規制の緩和に伴って民間消費も伸びたことで，シンガポールの成長率は2021年の第1四半期からプラスに転じた。

（3）タイ

タイでは，2020年1月12日に中国以外で初の感染者が確認された。3月25日には非常事態宣言が出され，「COVID-19問題解決センター」（CCSA：Center for COVID-19 Situation Administration）が設置されるなど迅速な感染対策が進んだ。タイでは失業率が低いまま推移しており，2019年の失業率は1.0%，2020年は1.7%と低水準であった（図5-9）。

なお，四半期別の経済成長率では，タイは他国より早い2020年第1四半期からのマイナス成長となった。これは，中米貿易摩擦やバーツ高による輸出の減少や，干ばつによる農業生産の低下の影響によるものであった（アジア経済研究所編，2021）。その後も，第2四半期は-12.2%，第3四半期は-6.4%，第4四半期は-4.2%と，東南アジアの中で他の国より長くマイナス成長が続いた。なお，アジア通貨危機があった1998年第2四半期は-12.5%であり，コロナショックは同程度の影響であった。

需要側では純輸出や在庫変動がマイナスとなり，供給側ではサービス業や製造業の落ち込みが大きかった。2021年には民間消費が伸び，製造業やサービス業もプラスとなった（図5-10，図5-11）。

（4）フィリピン

フィリピンでは，3月中旬から新型コロナウィルスへの対策を行い，厳しい隔離措置を実施したが，5月以降に隔離措置が緩和されると感染者が急増した。なお，2020年の失業率は10.4%と，前年の5.1%から大きく上昇した（図5-9）。

四半期別の経済成長率では，2020年の第2四半期が-16.9%と落ち込み幅が大きく，第3四半期も-11.6%と大きなマイナスになった。フィリピンは，ア

ジア通貨危機があった1998年の第4四半期には-3.0％，世界通貨危機があった2009年の第1四半期には1.1％と影響は小さかったが，コロナショックでは大きな影響を受けた。

2020年の第2四半期には民間消費，総固定資本形成，在庫変動，供給側ではサービス業，建設業，製造業のマイナスが大きかった。2021年以降には，行動制限が緩和されたことで，民間消費と総固定資本形成が大きく増加し，供給側ではサービス業，建設業，製造業がプラスとなった（図5-10, 図5-11）。フィリピンもインドネシアと同じく，経済対策が重要視されたことで経済的な回復は早く，2021年以降には比較的高い経済成長率となった。

（5）マレーシア

マレーシアでは，状況に応じて規制の強化や緩和が頻繁に行われた。まず，2020年2月27日には新経済刺激策，3月16日には活動制限令（MCO：Movement Control Order），3月27日には強化活動宣言令（EMCO）とともに国民経済刺激策（Prihatin）が発表され，4月6日には追加経済刺激策（Prihatin SME+）が出された。その後，新規感染者が減少すると，5月4日には経済活動再開に向けた条件付き活動制限令（CMCO），6月5日には国家経済再生計画（Penjana），6月10日にはCMCOを緩和した回復のための活動制限令（RMCO）が発表された（アジア経済研究所編，2021）。失業率をみると，アジア通期危機の後は3％台に抑えられていたが，2019年の3.3％から2020年の4.5％，さらに2021年の4.6％と2年連続で悪化した（図5-9）。これはマレーシアが2021年に感染対策の厳格度を上げ，行動規制が強化されたことによるものであった。

四半期別に経済成長率をみると，第2四半期には-17.0％となり，アジア通貨危機があった1998年第4四半期の-11.2％や，世界金融危機があった2009年第1四半期の-5.8％を超える下落となった。この第2四半期には，需要側で民間消費の落ち込みが大きく影響した（図5-10）。純輸出もマイナスであったが，製造業の回復により第3四半期からプラスとなった。供給側でみると第2四半期にはサービス業の落ち込みが大きかった（図5-11）。製造業も一時低下したものの第3四半期からプラスに転じ，その影響で純輸出もプラスとなった。

2021年の成長率にはMCOによる2回の経済活動制限が影響して，第1四半期は-0.5%，第3四半期は-4.5%と落ち込んだが，第4四半期に行動制限が緩和されてからは，需要側で民間消費，供給側でサービス業や製造業がプラスとなり，経済は回復に向かった。

このように，いずれの国も2020年前半は感染症対策を厳格にして，その後には感染状況に対応して措置の緩和を行うことで経済回復を目指す傾向があったが，感染対策と経済対策とのバランスでは国による相違が認められた。また，経済回復の途上で，各国の輸出増加が有利に働き（図5-12），特にインドネシアやマレーシアでは原油など一次産品の価格高騰が経済回復を加速させるのに役立った（図5-13）。

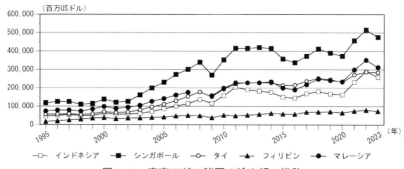

図5-12　東南アジア諸国の輸出額の推移
CEICデータにより作成。

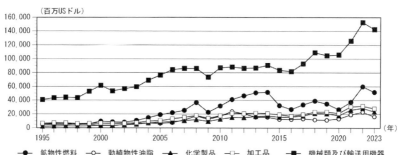

図5-13　マレーシアの品目別輸出額の推移
CEICデータにより作成。

4. コロナショックによる各国通貨の変動

　東南アジア諸国では，アジア通貨危機の後，通貨への信認が回復し，為替相場は安定した。しかし，2013年以降には米国の量的金融緩和終焉観測にともなう資金流出で，アジア各国の通貨の為替相場は下落した[6]（図5-14）。

　2020年3月3日に米国連邦公開市場委員会（FOMC）は，新型コロナウィルス感染拡大による景気後退への対応から0.5%の利下げを決定した。さらに3月15日に米国連邦準備制度理事会（FRB：Federal Reserve Board）は大規模な金融資産買い入れと政策金利のフェデラル・ファンド（FF：Federal Fund）金利の引き下げを決定し，量的緩和とゼロ金利を実施した（JETRO, 2020）。

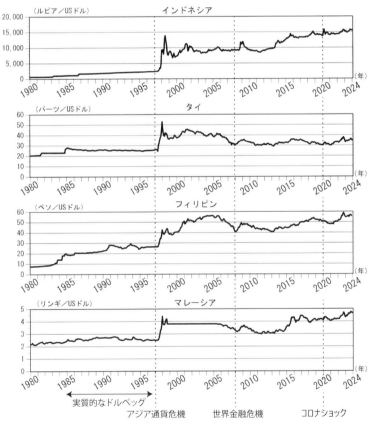

図 5-14　東南アジア諸国の対ドル為替レート
CEICデータにより作成。元データはIMFデータ。

2022年2月に始まったロシアのウクライナ侵攻で石油などの価格が高騰し，米国でインフレが加速したため，FRBは2022年3月から段階的に金利を引き上げ，2022年12月にFF金利の誘導目標は4.25～4.50%の高水準になった（小川・羅，2023）。

　アジア諸国は，コロナ対応政策として政策金利引き下げや量的緩和を実施していた。しかし，2022年3月に米国が金融引き締め政策を開始したことによって，アジア諸国と米国との内外金利差が変動した。また，ロシアのウクライナ侵攻で高騰した国際商品価格の取引がドル建てで行われたことで，ドルの需要が高まった。

　このような動きの中で，アジア諸国では自国通貨のドルに対する為替レートが下がり，インドネシア，フィリピン，マレーシアではアジア通貨危機を超える通貨安となった。マレーシアでは，2022年10月20日に為替レートが1ドル4.728リンギになり最安値を更新した。ただし，通貨安は輸出において価格競争力を高め，コロナショックからの回復に役立つ面もあった。

5．コロナショックの経済モデル

　新型コロナウィルス感染拡大が与えた供給と需要への影響については，ポール・クルーグマン（Paul R. Krugman）のTwitter（現在はX）への投稿（https://twitter.com/paulkrugman/status/1241689422090944513）や野村総合研究所（2020）のマクロ経済モデルを参考にして解説されている。

　クルーグマンのモデルは，需要と供給によりインフレ率（物価水準）と雇用（総生産）との関係を示したものである（図5-15）。このモデルは，総需要曲線（AD）と総供給曲線（AS）の交点Aが初期の均衡点となってインフレ率（物価水準）と雇用（総生産）が決定される。総需要が減少すると総需要曲線（AD）が左下へシフトし，物価水準の低下や総生産の縮小がもたらされる。また，総生産が縮小すると総供給曲線（AS）が左上へシフトし，物価水準が上昇する[7]。

　新型コロナウィルス感染対策として社会経済活動が制限されると，工業の操業停止や物流の停滞などで供給が減少し，総供給曲線（AS）は左上にシフトする。このとき，インフレ目標（物価）を不変とした場合，総供給曲線（AS）と総需要曲線（AD）の交点はAからBに移動し，雇用（総生産）が減少して

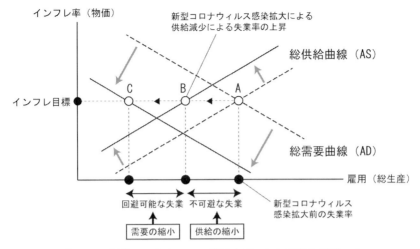

図 5-15　新型コロナウィルスが引き起こした供給と需要への影響に関するマクロ経済モデル

ポール・クルーグマンの Twitter への投稿（https://twitter.com/paulkrugman/status/1241689422090944513）および野村総合研究所（2020）を参考に作成。

失業者が増加する。クルーグマンは、この雇用（総生産）の減少を供給減少による「不可避な失業（Inevitable Job Loss）」と呼び、無理な雇用の増加は感染を拡大させるため避けるべきと指摘している。

　供給だけでなく、サービス消費の減少などにより需要の落ち込みは、さらなる雇用（総生産）の減少を招き、総供給曲線（AS）と総需要曲線（AD）の交点は B から C に移動する。クルーグマンによると、ここで生じる雇用の減少は「回避可能な失業（Avoidable Further Loss）」であり、経済政策とし経済的困窮を回避するための支援が必要とされている。

　ワクチン接種のような感染対策は、総供給曲線（AS）と総需要曲線（AD）を初期状態に近づけ、「回避可能な失業」や「不可避な失業」を減少させる効果がある。しかし、強力な感染力を持った新型コロナウィルスの変異株の発生は、総供給曲線（AS）と総需要曲線（AD）を初期状態から遠ざけ、「回避可能な失業」や「不可避な失業」を増加させる。

　東南アジアでは、経済対策を重視したインドネシアと、感染対策を重視したマレーシアのように、各国の状況判断が「不可避な失業」および「回避可能な

失業」に対する政策の違いを生み，それがコロナショック後における各国の実体経済の違いとなって現れたと考えられる。

注
1) 椎野（2015）では人口ボーナス期について，(1) 生産年齢人口が継続して増え，従属人口比率の低下が続く期間，(2) 従属人口比率が低下し，かつ生産年齢人口が従属人口の2倍以上いる期間，(3) 生産年齢人口が従属人口の2倍以上いる期間という3種類の定義が示されている。なお，労働力成長率，資本成長率，技術進歩率という経済成長率に関する3つの決定要因の中で，人口ボーナス期には労働力成長率が高まる（平田，2011）。
2) GNI（国民総所得，Gross National Income）は各国の国民の総所得であり，国内にいる国民のみを対象とする GDP（国内総生産，Gross Domestic Product）に，海外にいる国民の所得を加えたものである。
3) IHR（国際保健規則，International Health Regulations）は WHO 憲章第21条に基づく国際規則である。その目的は，国際交通に与える影響を最小限に抑えつつ，疾病の国際的伝播を最大限防止することであり，2005年の同規則改正によりテロリズムへの対策が強化された（厚生労働省，2024）。
4) Wang et al(2023)によると，2022年8月にシンガポールでは BA.5，9月には BA.2.75，10月には XBB.1，11月には XBB と，感染の中心となる株が移り変わった。
5) この指数は政策の適当性や有効性をスコア化したものではない。
6) FRB のバーナンキ（Bernanke）FRB 議長が，2013年5月に量的金融緩和策縮小を示唆したことで長期金利が急騰してドル高が進行した。これは FRB と市場のコミュニケーションの失敗であり，量的金融緩和策縮小（テーパリング）に対する懸念から金融市場が「かんしゃく（Tantrum）」を起こしたとして「テーパー・タントラム（Taper Tantrum）」と呼ばれた（三井住友トラスト・アセットマネジメント，2021）。
7) これは不況とインフレが同時に起きるスタグフレーションとなる。

参考文献
アジア経済研究所編（2021）:『アジア動向年報 2021』アジア経済研究所．
小川英治，羅鵬飛（2023）: コロナ・ショック後のアジア諸国の金融政策と為替レート．アジア資本市場研究会編『コロナ後のアジア金融資本市場』日本証券経済研究所，25-76．
経済産業省（2020）:『令和2年版 通商白書』経済産業省．
厚生労働省（2024）: 国際保健規則 (IHR)(2005年) の改正の検討状況について．https://www.mhlw.go.jp/stf/kokusai_who_ihr.html（2024年7月13日閲覧）
椎野幸平（2015）: 世界 人口ボーナス期で見る有望市場は．ジェトロセンサー，2015年3月号，58-59．
野崎謙二（2013）: 2011年洪水がタイ経済に及ぼした影響．経済研究，26，99-117．
野村総合研究所（2020）: 新型コロナウィルス経済ショックのマクロ的位置づけ (1) マクロモデルによる概観．https://www.nri.com/jp/keyword/proposal/20200401（2024年6月29日

閲覧）
平田　渉（2011）：人口成長と経済成長：経済成長理論からのレッスン．日本銀行ワーキングペーパーシリーズ，No.11-J-5，1-49.
三井住友トラスト・アセットマネジメント（2021）：FRB 量的金融緩和の行方 〜 2013 年長期金利急騰の再来は回避できるのか？〜．https://money-bu-jpx.com/news/article031615/（2024 年 7 月 13 日閲覧）
JETRO（2020）：米 FRB，臨時の FOMC を開催，1.0 ポイントの追加利下げと FRB による資産購入拡大を決定．https://www.jetro.go.jp/biznews/2020/03/70acbfde8b067bfa.html（2024 年 7 月 13 日閲覧）
University of Oxford（2020）：University of Oxford , COVID-19 Goverment Response Tracker (OxCGRT). https://www.bsg.ox.ac.uk/research/covid-19-government-response-tracker（2024 年 6 月 28 日閲覧）
Wang, Q., Iketani, S., Li Z., Liu, L., Guo Y., Huang Y., Bowen A. D., Liu M., Wang M., Yu J., Valdez R., Lauring A. S., Sheng Z., Wang H. H., Gordon A., Liu L. and Ho D. D.（2023）：Alarming antibody evasion properties of rising SARS-CoV-2 BQ and XBB subvariants. *Cell,* 186(2), 279-286.
WHO（2020a）：Novel Coronavirus（2019-nCoV）SITUATION REPORT-1.（1 January 2020）https://www.who.int/docs/default-source/coronaviruse/situation-reports/20200121-sitrep-1-2019-ncov.pdf（2024 年 6 月 29 日閲覧）
WHO（2020b）：Statement on the Second Meeting of the International Health Regulations (2005) Emergency Committee regarding the outbreak of novel coronavirus (2019-nCoV) (30 January 2020). https://www.who.int/news/item/30-01-2020-statement-on-the-second-meeting-of-the-international-health-regulations- (2005) -emergency-committee-regarding-the-outbreak-of-novel-coronavirus-(2019-ncov)（2024 年 6 月 29 日閲覧）

第6章

東南アジアにおける
一次産品の生産と輸出

1. マレー半島における一次産品生産の歴史
1-1 天然ゴム生産の歴史

　本章は，東南アジアで早くから天然ゴムとパームオイルの生産を始めたマレーシアに注目し，一次産品の生産と輸出について解説する。

　天然ゴムは，1876年にマラヤで最初の商業的栽培が行われてから，栽培面積が著しく拡大した[1]。これは大規模農園の農業経営に関する中核組織が存在していたことや[2]，農業開発を奨励する政策が打ちだされたことによる[3] (Drabble, J. H., 1973)。クアラルンプールの錫産地とクラン港を結ぶ鉄道が建設されると，沿線のクランバレー（セランゴール州）で初期のゴム栽培が行われた（Jackson, 1968）。その後の鉄道網の拡大などにより，ゴム栽培は西海岸のペラク州，セランゴール州，ジョホール州で行われるようになった（ソバーン，1984）。1905年の好景気でゴムの栽培面積は急増したものの，労働力が不足するようになったため，政府は労働力を国外から補充する施策をとった。これに

写真6-1　天然ゴムの
プランテーション
1996年ケダ州にて筆者撮影。

写真6-2　天然ゴムの収集
1996年ケダ州にて筆者撮影。

より，1907年から南インドのタミール人が多数流入した（写真6-1，6-2）。
　第2次世界大戦後，ゴム生産量はさらに増加し，1957年の独立時にはゴムと錫は輸出額の85％を占め，マレーシアのモノカルチャー経済を支えた。しかし，マレーシアでは経済活動の不安定性やゴム市場の見通しの暗さから，ゴムや錫への依存から脱却するために，生産の多角化が進められ，1960年代になるとパームオイルの生産が増大した。

1-2　パームオイル生産の歴史

　マレーシアがパームオイルの世界最大の輸出国となったのは1960年代後半に入ってからであり，それ以前にはインドネシア，ナイジェリア，コンゴなどが供給の中心であった。
　第2次世界大戦前のマラヤで，オイルパームの作付けはエステートを中心に行われており，技術的な問題から小農がパームオイル産業に参入することはできなかった[4]。これにはパームオイル生産における不純物含有量や遊離脂肪酸（FFA）含有量を低下させる技術が関係していた。オイルパームの果実房（FFB）は収穫されるとFFA含有分が急速に増加して品質が下がるため，24時間以内に加工を行う必要がある。この加工に多額の資本と専門的技術が必要となることが[5]，マレーシア人所有のエステートや小農にとってオイルパーム栽培参入の〈障害となっていた（写真6-3，6-4）。
　1960年のジョホールのクライ・オイルパーム・エステート設立を機に，

写真6-3　オイルパームの
プランテーション
1996年ジョホール州にて筆者撮影．

写真6-4　オイルパームの
搾油工場への輸送
1996年ジョホール州にて筆者撮影．

FELDA（連邦土地開発庁）がオイルパーム栽培へ参加し，その後，土地開発が大規模に展開されたことでオイルパームの栽培面積は増加した。これは，FELDAを中心にゴム依存から脱却し，生産多角化が進められた。小農がオイルパーム栽培に参加できるようになったのは，FELDAの施策によるものであり，1970年にはFELDAのオイルパーム栽培面積はゴムを上回った。

1-3　高度経済成長期の一次産品輸出

1960年代と1970年代にかけてのマレーシア農業の急成長は，新規の土地開発やオイルパームなどの新作物の導入によるものであった。また，1970年代末から1980年代初頭には，第2次石油危機の影響などで一次産品価格が高騰してマレーシアの歳入が増大し，選択的第2次輸入代替工業化政策を進める好機となった。

しかし，1985～86年には一次産品価格が大幅に下落した[6]（図6-1）。木村

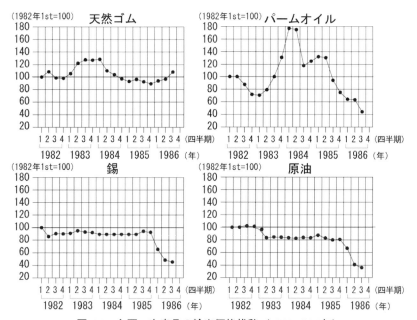

図6-1　主要一次産品の輸出価格推移（1982-1986年）
木村(1988)およびJETROアジア経済研究所資料により作成。
価格はリンギ建てであり，1982年第2四半期を100とした数値。

(1988) によると，この下落は先進国における省資源技術の普及による需要の伸び悩みの中で，供給国側がほぼ一斉に供給量の拡大を行い，需給バランスを大きく崩したことが原因であった。マレーシアでは，1985年第2四半期と第3四半期の木材や，同年第4四半期以降のパームオイルのように価格低下を供給量の拡大でカバーしようとしたが，需要不振の中での供給量拡大は，それ以上の価格下落をもたらした。そのためマレーシアの一次産品輸出額は1985年に対前年比で2.3%減となり，1986年には20.2%の大幅な減少となった。

このようにマレーシア経済は危機的状況となったが，1986年に制定された投資促進法と1985年以降の円高により，マレーシアへ進出する日系企業が増加したことにより，工業製品の生産と輸出が大幅に増加した。農業に関してもマレーシア政府は政策を転換して1986年から工業化マスタープラン（IMP）を開始し，輸出主導型産業としてゴム，パームオイル，食品，木材，電子・電機，繊維・アパレルの6分野に関する産業育成を行った（Tamin, 1992）。

1-4 アジア通貨危機以降の一次産品輸出

マレーシアの輸出額は1985年以降に急激に増加したが，それとは逆に一次産品の割合は減少した（図6-2）。品目別輸出額構成割合をみると（図6-3），1985年からの輸出額増加は工業製品によるものであり，これは投資奨励法と円高の影響で日系企業のマレーシア進出が加速した結果であった。工業製品の全体に対する割合は1985年の26.6%から1995年の73.0%と急激に高まり，2000年には87.3%となった。

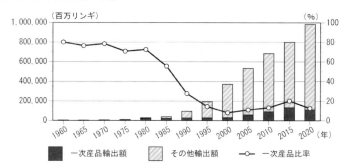

図6-2　マレーシアにおける総輸出額および一次産品輸出額の推移
Ministry of Finance, Malaysia ウェブサイト（https://belanjawan.mof.gov.my/）により作成。

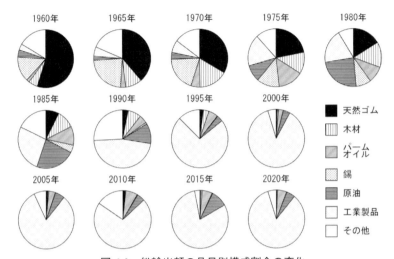

図 6-3 総輸出額の品目別構成割合の変化
Ministry of Finance, Malaysia ウェブサイト（https://belanjawan.mof.gov.my/）により作成。

　それが 2010 年には世界金融危機で工業製品輸出の伸びが鈍り，全体に対する割合は 71.3％に減少した。それに対して一次産品の割合は 1985 年の 55.5％から 1995 年には 14.4％，2000 年には 8.0％と低下したが，2010 年には 13.2％まで上昇した。自国資本比率の高い一次産品に関する産業は，世界金融危機で受ける影響が小さかったため，比較的安定した競争力をもっていた。

　世界金融危機における株式市場の暴落は，その後のマレーシアにおける天然ゴムやパームオイルの輸出額に占める割合を増加させた。2008 年に株式市場が暴落した後，原油先物取引市場に流入した国際マネーによって原油価格が上がり（図 6-4），それに連動してガソリン価格やバイオディーゼル（BDF）の価格も上昇した。これにより BDF の原料であるパームオイルの需要が増え，輸出額の中での割合が増加した。また，原油を原料とする合成ゴムの価格が上がり，その競合品である天然ゴムの価格も上昇したことで需要が増えたことも，天然ゴムの輸出額に占める割合を高めた。このように，世界金融危機後には投資家が実際の需要を重視するようになり，一次産品の価格が上昇したことで，マレーシアでは生産量や輸出量が増加した（図 6-5）。

第 6 章　東南アジアにおける一次産品の生産と輸出　107

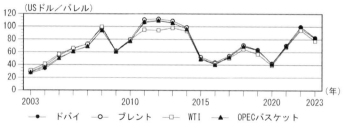

図 6-4　原油価格の推移

新電力ネット（https://pps-net.org/statistics/crude-oil）のデータにより作成。ドバイ：UAE 産の原油で主に中東産原油の価格指標，ブレント：北海産原油でアフリカや地中海原油などの価格指標，WTI：米国産原油で南米産原油などの価格指標，OPEC バスケット：OPEC 諸国の代表的な原油価格を加重平均した値。

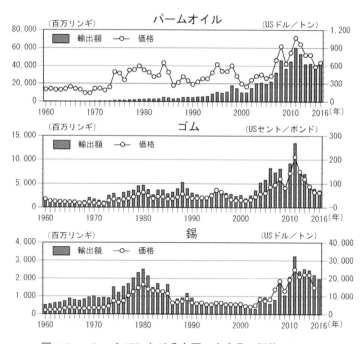

図 6-5　マレーシアにおける主要一次産品の価格（F.O.B）

CEIC Data および IMF 資料により作成。パームオイルと錫の価格は1トン当たりの US ドル，ゴムの価格は1ポンド当たりの US セント。

2. 天然ゴムの生産と貿易

2-1 天然ゴムの生産

　ここからは，マレーシアの工業化マスタープラン（IMP: Industrial Master Plan, 1986 ～ 1995 年）で主要産業に指定された天然ゴム産業とパームオイル産業に注目し，1980 年代後半からの高度経済成長期における一次産品の生産および輸出の変化をみる。

　天然ゴムの世界総生産量は，世界金融危機やコロナショックのあった 2009 年と 2020 年には一時的に減少したが，1961 年の 212 万トンから 2022 年の 1,513 万トンへと増加した（図 6-6）。その中でマレーシアの生産量は 1976 年の 161 万トンがピークであり，世界総生産量の 45.1％を占めた。しかし，その後は減少が続き，2022 年には 38 万トンとなって，世界全体の 2.5％にまで低下した。

　この天然ゴムの世界生産量に占めるマレーシアの割合の低下は，マレーシア国内における生産量の減少だけではなく，他国における生産量増加の影響も大きかった。1961 年と 2022 年における天然ゴム生産量の国別割合をみると（図 6-7），1961 年にはマレーシアが第 1 位で世界生産量の 37.2％を生産しており，インドネシアおよびタイを加えた上位 3 か国で世界全体の 78.7％を占めていた。それが 2022 年になるとタイが第 1 位となって世界生産量の 31.9％を占め，インドネシアとベトナムの上位 3 か国で世界全体の 61.5％となった。また，2022 年にはカカオから天然ゴムへの転換を進めたコートジボアール[7]や，中国およびインドも生産量を増やした。

　東南アジアにおける国別生産量の推移をみると（図 6-8），タイは 1989 年にイ

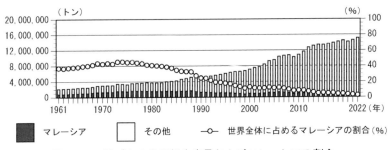

図 6-6　天然ゴムの世界総生産量およびマレーシアの割合
FAO 統計データベース FAOSTAT により作成。Natural rubber in primary forms の値。

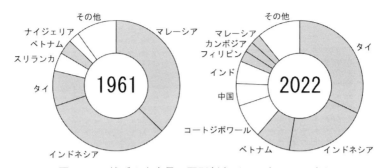

図 6-7　天然ゴム生産量の国別割合（1961 年, 2022 年）
FAO 統計データベース FAOSTAT により作成。Natural rubber in primary forms の値。世界全体の 2.0%以上の生産国のみ掲載。

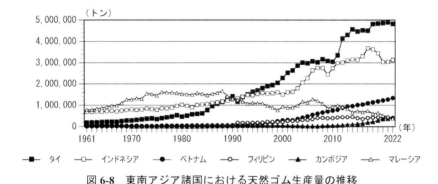

図 6-8　東南アジア諸国における天然ゴム生産量の推移
FAO 統計データベース FAOSTAT により作成。Natural rubber in primary forms の値。

ンドネシアを抜き，続いて 1990 年にはマレーシアを抜いて，世界最大の天然ゴム生産国となった。また，インドネシアは 1990 年にマレーシアを抜いて 2 位に，ベトナムは 2013 年にマレーシアを抜いて 3 位となった。このように 1990 年代前半には，天然ゴム生産の世界的な中心が，マレーシアから周辺国へと移った。特にタイは，日系企業の技術指導によって，高品質の天然ゴムを安定して供給できるようになり，1980 年代後半から RSS [8] の世界的な供給地となった。

　マレーシアの天然ゴム生産量が減少した原因としては，1980 年以降，天然ゴムの年間平均 FOB 価格 [9] が不安定であったことが大きかった。1988 年以降の価格低下により，マレーシアは人件費など経費の高さから競争が困難になっ

たため，1988年以降は天然ゴムから収益性の高いオイルパーム栽培への転向が進行した。なお，1990年代半ばや2000年代前半における天然ゴムの需要増大による価格上昇は，マレーシアの天然ゴムが再び競争力を取り戻す機会となるはずであった。しかし，アジア通貨危機や世界金融危機による不況で天然ゴムの価格が低下したことで競争力が低下し，生産量は減少した。

2-2　天然ゴムの輸出

天然ゴム輸出額をみると（図6-9），1980年代前半に輸出額が減少したものの，1991年まではマレーシアが1位であった。1992年にはタイとインドネシアがマレーシアを抜き，その後はタイが1位，インドネシアが2位という順位となった。タイ，インドネシア，マレーシアの3か国では，2000年代に価格上昇に伴い輸出額が増加したが，世界金融危機の影響で2009年には一時的に落ち込んだ。しかし，翌年には輸出額が大幅に伸び，特に2010年代前半には天然ゴムが高価格で取引されたため，輸出額は高めに推移した。

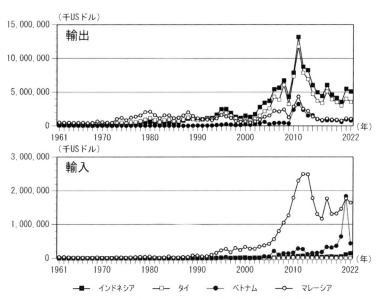

図6-9　東南アジア諸国からの天然ゴム輸出額の推移
FAO統計データベースFAOSTATにより作成。Natural rubber in primary formsとNatural rubber in other formsの合計値。

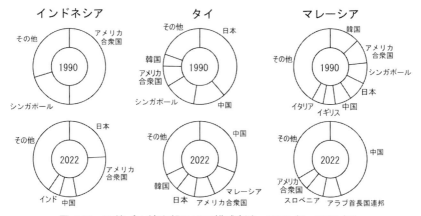

図 6-10　天然ゴム輸出額の国別構成割合（1990 年，2022 年）
FAO 統計データベース FAOSTAT により作成。Natural rubber in primary forms と Natural rubber in other forms の合計値。世界全体の 5.0% 以上を輸出している国のみ掲載。

なお，マレーシアでは 2000 年代から 2010 年代にかけて天然ゴムの輸入が増加した。これは，マレーシアで製造している医療用ゴム手袋などのゴム製品輸出が増加したことによるものであり（廣畑，2019），マレーシア国内の天然ゴムだけでは供給が追いつかないため，国外からの輸入への依存が高まった。

天然ゴムの国別輸出額比率をみると（図 6-10），1990 年にはインドネシアは米国，タイは日本を主要な輸出先としており，マレーシアは韓国，米国，シンガポール，日本など輸出先を分散させた状態であった。それが 2022 年には，タイとマレーシアでは中国が最大の輸出先となり，インドネシアでも中国は日本と米国に次ぐ輸出国となった。このように東南アジアにおける近年の天然ゴムの生産量や輸出額の増加には，中国の需要拡大が大きく影響していた。

3．パームオイル

3-1　パームオイルの生産

パームオイルは世界で最も多く使われている植物油であり，食品の他に洗剤やシャンプーにも使用され，さらに化石燃料の代替エネルギー源であるバイオディーゼルの原料でもあるため，世界的に価値が高まっている。世界金融危機やコロナショックだけでなく，天候不順などでも一時的な減少はあったが，世

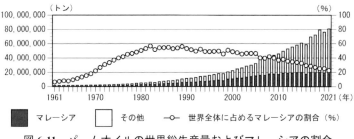

図6-11　パームオイルの世界総生産量およびマレーシアの割合
FAO統計データベースFAOSTATにより作成。

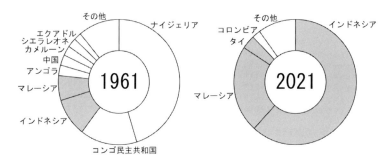

図6-12　パームオイル生産量の国別割合（1961年，2022年）
FAO統計データベースFAOSTATにより作成。世界全体の2.0%以上の生産国のみ掲載。

界的な需要増によりパームオイルの世界総生産量は，1961年には148万トンであったのが2021年には8,058万トンになった（図6-11）。マレーシアの生産量も1961年の9万トンから2021年の1,812万トンに増加した[10]。

マレーシアのパームオイルが世界全体の生産量に占める割合は1980年代から1990年代前半にかけて50%を越えていたが，その後は低下し2021年には22.5%となった。この低下は，主にインドネシアの生産量増加によるものであった。1961年と2021年におけるパームオイル生産量の国別割合を比較すると（図6-12），1961年にはナイジェリアやコンゴ民主共和国（当時はコンゴ共和国）[11]などアフリカ諸国が中心となっており，両国で世界全体の60.3%を生産していた。当時，インドネシアは9.9%，マレーシアは6.4%であったが，2021年になるとインドネシアは61.7%，マレーシアは22.5%と両国で84.2%を占めるようになった。

第6章　東南アジアにおける一次産品の生産と輸出　113

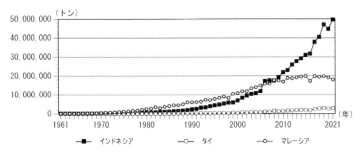

図 6-13　東南アジア諸国におけるパームオイル生産量の推移
FAO 統計データベース FAOSTAT により作成。

　インドネシアとマレーシアのパームオイル生産量の推移をみると（図6-13），1965年まではインドネシアの方がマレーシアよりも生産量が多かった。しかし，1966年からはマレーシアの生産量がインドネシアを上回り，2006年からは再びインドネシアの生産量がマレーシアよりも多くなった。インドネシアとマレーシアのパームオイルが2000年代に急増したのは，パームオイルの価格が上昇したためであり，特に2000年代後半の価格高騰によって，両国では他の作物からの転換や新規参入が促進された。
　なお，マレーシアでは第3次工業化マスタープラン（IMP3: Third Industrial Master Plan, 2006～2020年）で，成長が見込める重要な資源活用型産業（Resource Based Industry）の一つとしてパームオイル産業が指定された。また，第9次マレーシア計画（9MP, 2006～2010年）により，関連産業の成長を支援する目的として，東部ジョホール州と南部パハン州，南部ケランタン州と北部トレンガヌ州，サバ州とサラワク州にパームオイル産業クラスター（POIC：Palm Oil Industrial Cluster）が設立された。これら政策により，マレーシアのパームオイル産業では生産量増加に加え，高付加価値製品の創出などが行われた。

3-2　パームオイルの輸出

　パームオイル輸出額をみると（図6-14），価格崩壊が起きた1980年代半ばとアジア通貨危機が起こった1990年代後半に一時的に輸出額が減少するものの，世界金融危機が起こった2000年代後半まで輸出額は増加傾向にあった。また，この期間にはマレーシアの輸出額はインドネシアを上回っていた。2000年代

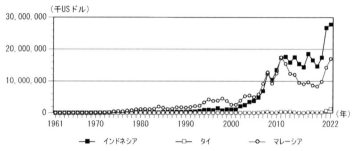

図 6-14　東南アジア諸国からのパームオイル輸出額の推移
FAO 統計データベース FAOSTAT により作成。

前半からのパームオイル価格上昇に伴って輸出額が増加したが，世界金融危機の不況による需要低下でパームオイル価格が低下したため，両国とも 2009 年には輸出額が減少した。その後，2010 年から 2012 年まで再度増加に転じたが，それ以降，インドネシアは横ばい，マレーシアは減少傾向を示したことで，インドネシアの輸出額がマレーシアを上回った。なお，2000 年代初頭のコロナショックの後には価格が高騰し，両国とも輸出額が大幅に増加した。

　パームオイルの国別輸出額割合をみると（図 6-15），1990 年にはインドネシ

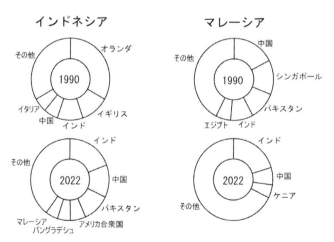

図 6-15　パームオイル輸出額の国別構成割合（1990 年，2022 年）
FAO 統計データベース FAOSTAT により作成。世界全体の 5.0％以上を輸出している国のみ掲載。

アはオランダやイギリスなどの EU 諸国，マレーシアは中国，シンガポール，パキスタンなどの周辺国を主要な輸出先としていた。それが 2022 年には，いずれも 1 位がインド，2 位が中国となっており，人口の多い周辺国が主要輸出先となった。自国では需要に対応できないインドや中国への供給が増えていることに加え，近年では森林を伐採して行うパームオイル生産を自然破壊の要因とみる EU の輸入規制により[12]，マレーシアやインドネシアの輸出先は大きく変化した。なお，1980 年代から 1990 年代にかけてシンガポールは，周辺国で生産されたパームオイルを再輸出していた。しかし，マレーシアやインドネシアで港湾整備が進んだことにより，シンガポールを経由せずに，生産国から直接輸出されるパームオイルが増加した（橋本，2014）。

世界的な食糧不足が危惧される中で植物油の需要が高まりつつあるものの，熱帯雨林保護という環境問題も重要な問題となった（高多，2008）。オイルパーム農園の開発により熱帯雨林の縮小が進むマレーシアやインドネシアでは，パームオイル生産増加と熱帯雨林保護という課題に対し，栽培面積を拡大させずに生産性を向上させる対策などを進めている。

注

1) ゴムは，政府所有のプランテーションにおいて試験的に栽培された作物の中で最も成功したものであった。ゴム栽培は，主として海峡植民地とマラヤ諸州の政府によって行われ，イギリスのヒュー・ロウ卿（Sir Hugh Low）やフランク・スウェッテナム卿（Sir Frank Swettenham）により奨励された（Chai, 1964）。また，1888 年からシンガポール植物園の理事をつとめていた H. N. リドレイ（Ridley）によりゴム樹を常に傷つけないヘリンボン状採液法（herring-bone tapping method）が考案されるたことで，ゴムの商業的栽培が発展した。
2) 病害のためにセイロン島でのコーヒー産業が衰退した 1870 年代から 1880 年代初期にかけて，セイロン島からコーヒー栽培業者がマラヤに移ってきた。1890 年代末にコーヒー価格が下落してゴム需要が増加したとき，エステートはコーヒー栽培からゴム栽培に切換えた。
3) この政策では，非ヨーロッパ人（マレー人，華人など）入植者による農業開発に期待をかけており，有利な土地保有条件，入植者への貸与などの農業奨励策がとられた。
4) 100 エーカー（約 404,686 ㎡）以上の大規模農場はエステート部門，100 エーカー未満の農場は小農部門に分類される。
5) FFA 含有量が増加しないように果実を蒸気で滅菌し，房からはぎ取って蒸してから搾油する必要がある。
6) 1980 年から 1985 年にかけて原油の輸出価格は 6 割，錫は 2 割，天然ゴムは 3 割の下落

を示した．そのため，当時でも輸出に GDP の 6 割を依存し，輸出に占める一次産品のシェアが 7 割にものぼっていたマレーシアは，1984 年の 6.7％だった経済成長率が，1985 年に -1.0％となった．
7) 日本経済新聞ウェブサイト（2023 年 4 月 25 日）「天然ゴム，コートジボアールに存在感　脱カカオ進む」（https://www.nikkei.com/article/DGXZQOUB172LJ0X10C23A4000000/，2024 年 6 月 18 日閲覧）による．
8) RSS（Ribbed Smoked Sheet）とは，生ゴムに蟻酸をかけてスモークドシートの状態にしたものである．RSS は国際規格に基づいて視覚的審査によって格付けされ，1 番から 5 番までに分類される．タイは日系企業の技術指導により高品質の RSS を安定して供給できるようになったことや，コンテナ化を進めて RSS 輸送の困難を軽減したことなどにより，1980 年代後半以降，RSS の世界的な供給地として機能している（末廣，重富，1989）．
9) FOB（Free on Board）価格は，貿易取引において CIF 価格と共に最も多く用いられる取引価格の 1 つであり，貨物を輸出港で船に積み込むまでの輸送費，検査費，梱包費，通関費などを輸出業者が負担し，それ以降の費用とリスクは輸入業者が負担するという取引条件における価格である．一方，CIF 価格は，価格（Cost），保険料（Insurance），運賃（Freight）の三要素から構成される価格であり，海上輸送を行った後，貨物を輸入港で荷揚げするまでの費用を輸出業者が負担し，それ以降の費用を輸入業者が負担するという取引条件における価格である．
10) マレーシアでは，オイルパーム栽培は主にエステート部門が担っていた．オイルパームは，収穫してから短時間で搾油しないと品質が劣化するため，栽培地には搾油工場を建設する必要がある．エステート部門の方が，オイルパーム栽培に参入する際にかかる費用を負担しやすかったことから，当該部門が栽培の中心となった．なお，マレーシアの小農スキームはゴム栽培を続ける方針であった．なお，マレーシアでは半島南部から島嶼部へとオイルパーム栽培の中心地が移った（橋本，2014）．
11) 1960 年の独立時にはコンゴ共和国であったが，1971 年に国名がザイール共和国に変更され，1997 年にコンゴ民主共和国となった．
12) JETRO（2023 年 6 月 2 日）「マレーシア，パーム油などの輸入規制で欧州に代表団派遣　持続可能性の取り組み訴える」（https://www.jetro.go.jp/biznews/2023/06/079e36958555fe77.html，2024 年 6 月 18 日閲覧）による．

参考文献
木村陸男（1988）：ブミプトラ政策と経済構造の変容．堀井健三，萩原宣之編：『現代マレーシアの社会・経済変容―ブミプトラ政策の 18 年―』アジア経済研究所，67-137．
ソバーン，J. T. 著，石田榮一，入江成雄，斎藤　優，長谷川幸生訳（1984）：『1 次産品輸出と経済発展―理論，実証およびマレーシアに関する一研究―』多賀出版．Thoburn, J. T. (1977): *Primary Commodity Exports and Economic Development: Theory, Evidence and a Study of Malaysia*. John Wiley & Sons Ltd.
高多理吉（2008）：マレーシア・パーム油産業の発展と現代的課題．季刊　国際貿易と投資，74，26-40．

橋本雄一（2014）：『東南アジアの経済発展と世界金融危機』古今書院．
廣畑伸雄（2019）：マレーシアにおける天然ゴム・ラテックスの確保．日本マクロエンジニアリング学会 Macro-Review, 31, 1-4.
末廣　昭，重富真一（1989）：天然ゴムの需要構造と輸出戦略－タイにおける「ブリジストン革命」を中心として．平島成望編『一次産品問題の新展開－情報化と需要変化への対応－』アジア経済研究所，107-144.
Chai Hon Chan (1964): *The Development of British Malaya, 1896-1909*. Oxford University Press.
Drabble, J. H.（1973）: *Rubber in Malaysia, 1876-1922: the Genesis of the Industry.* Oxford University Press.
Jackson, J. C.（1968）: *Planters and Speculators: Chinese and European Agricultural Enterprise in Malaya, 1786-1921.* Oxford University Press.
Malaysia（2006）: *Ninth Malaysia Plan 2006-2010.* Percetakan Nasional Malaysia Bhd.
Ministry of International Trade and Industry, Malaysia（1996）: *Second Industrial Master Plan.* Ministry of International Trade and Industry.
Ministry of International Trade and Industry, Malaysia（2006）: *Third Industrial Master Plan.* Ministry of International Trade and Industry.
Tamin, M.（1992）：転換期の農業：開発に関する諸問題．横山　久, モクタール・タミン編『転換期のマレーシア経済』アジア経済研究所，23-50.

第7章

マレー半島における港湾整備と地域開発

1. 東南アジア諸国における輸出入の変化

　東南アジアの経済発展は積極的な外資導入で工業化が進展したことによるものであり（横山・タミン編，1992），それを支える要因には投資の有利さや安価な労働力と並んで，港湾や空港など整備されたインフラがあった（日本貿易振興会，1998）。本章では，東南アジア諸国の輸出入変化から経済動向を概観し，それを支える港湾整備について解説する。

　東南アジア諸国における1970年以降の輸出入額をみると（図7-1），いずれの国も1980年後半からの増加が著しく，アジア通貨危機や世界金融危機の際

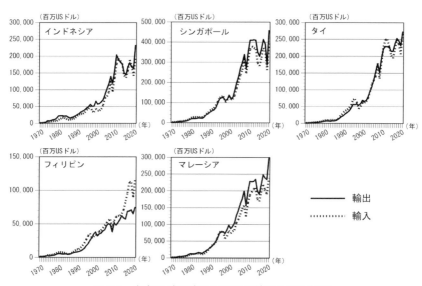

図 7-1　東南アジア諸国における輸出入額の推移
IMF資料により作成。

第7章　マレー半島における港湾整備と地域開発　119

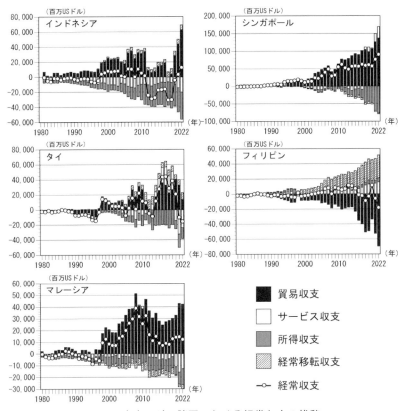

図 7-2　東南アジア諸国における経常収支の推移
IMF 資料により作成。

には低下するものの，その直後には V 字回復し，長期的には増加傾向にあった。各国の輸出入額をみると，フィリピン以外の国では輸出が輸入を上回っていた。

　東南アジア諸国の経常収支をみると（図 7-2），タイではアジア通貨危機における通貨安の影響で，赤字であった貿易収支が黒字に転じた[1]。インドネシアとマレーシアは 1980 年代から貿易黒字であったが，サービス収支や所得収支の赤字が続き，経常収支は赤字となっていた。しかし，アジア通貨危機以降には貿易黒字が大幅に増加したことで経常収支も黒字になった。なお，フィリピンの貿易赤字は，公共投資によるインフラ整備の遅れから，輸出向け製造業の海外直接投資が少なかったことによるものであり，フィリピンは BPO（Business

Process Outsourcing) によるサービス輸出や, OFW (Overseas Filipino Worker: フィリピン人の海外就労者) からの送金による経常移転収支で貿易赤字を補っていた (三菱 UFJ リサーチ & コンサルティング, 2015)。

輸出先に関する輸出額構成割合をみると (図 7-3), いずれの国においても

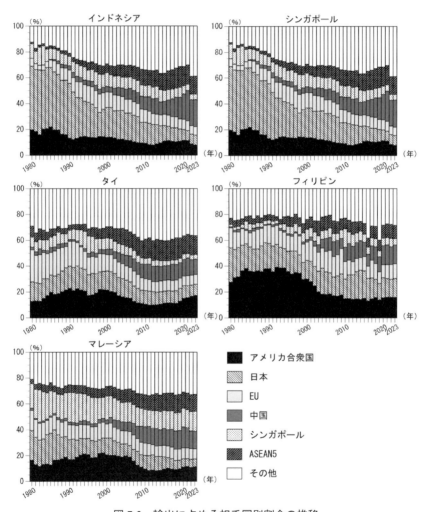

図 7-3 輸出に占める相手国別割合の推移
 MF 資料により作成。ASEAN5 はインドネシア, タイ, フィリピン, ベトナム, マレーシアであり, グラフでは自国以外の国への輸出合計を示している。

1980年代には米国や日本への輸出が高い割合を占めていたが，2000年以降には中国が高い割合となった。これは，1990年代に先進国への輸出で適用されていた輸入関税減免措置がなくなったことで，東南アジア諸国が輸出市場の多角化を進めたことによるものであった。なお，ASEAN5（インドネシア，タイ，フィリピン，ベトナム，マレーシア）への割合も高まっており，貿易の自由化が進む中で，東南アジア内部での物流は活発化した。

輸出品目に関する輸出額構成割合をみると（図7-4），工業化の進展により，すべての国で機械類が上昇した。1990年に一次産品は，ほとんどの国で主要輸出品に含まれていたが，これらの割合は30年間で低下した。しかし，原油，パームオイル，天然ゴムなど価格が上昇したため，マレーシアやインドネシアでは2020年でも一次産品が比較的高い割合となった。

東南アジア諸国の輸出増加には，港湾などのインフラ整備が大きく関わってきた。工業製品の輸出入はコンテナ輸送が中心となるため，東南アジアの主

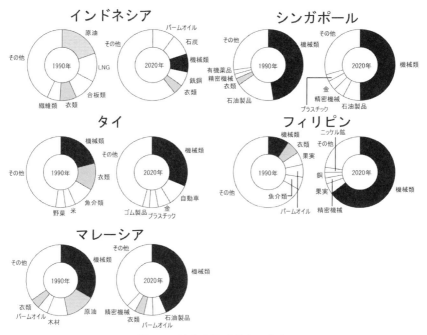

図7-4　輸出額構成割合の変化
CEICデータベース，国連Comtrade Databaseにより作成。

図 7-5　東南アジア諸国の主要港湾

要港湾では（図7-5），大規模なコンテナ施設の整備が現在でも進められている。国別コンテナ取扱量の推移をみると（図7-6），シンガポールが最大であり，2000年には1,710万TEU（Twenty-foot Equivalent Unit，20フィートコンテナ換算個数）[2]だったのが，2021年には3,747万TEUと2.2倍になった[3]。ただし，この期間にマレーシアのコンテナ取扱量が464万TEUから2,826万TEUに増加したため，2000年のシンガポールはマレーシアの3.7倍であったのが2021年には1.3倍となり，差も1,246万TEUから921万TEUへと縮小した。なお，

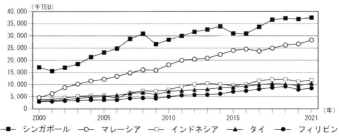

図 7-6　東南アジア諸国における港湾貨物取扱量の推移
CEIC データベースにより作成。

インドネシアやフィリピンでは，港湾などインフラへの投資が伸びなかったため取扱量の増加は比較的小さなものとなった（佐藤，2011）。

2. 港湾に関するマレーシアと周辺国との連携
2-1　クラン港の開発

　ここからはアジア通貨危機や世界金融危機を経験したマレーシアが，シンガポールなどの周辺国と競合や連携をしながら港湾の開発を推進した経緯を解説する。

　マレーシアは，1987年から通貨危機が起きる1997年まで，積極的な外資導入による工業化により，順調な経済発展を遂げた（チョードゥリー・カークパトリック，1997）。その際に製品の輸出や原材料の輸入に不可欠な物流関連のインフラ需要が高まり，港湾機能の強化がはかられた。この港湾整備は，外資を集めるのに有利な要因として働いた（細川・奥田編，1997）。

　第2次長期展望計画（OPP2, 1991～2000年）には，ハイテク工業団地やマルチメディア・スーパー・コリドー（MSC）の開発と並び，クラン港（Port Klang）をはじめとする港湾インフラ整備に関する施策が盛り込まれており，マレーシア政府は，さらなる経済発展のために大規模な港湾整備を続けた。第7次マレーシア計画（7MP, 1996～2000年）では，1990年代前半からコンテナ取扱量の増加への対策として，クラン港，ペナン港，ジョホール港などにおけるコンテナターミナル施設の拡充や近代化に重点がおかれ，特にクラン港では急速に開発が進められた（Maritime Institute of Malaysia, 1997）。

　1990年代後半に発生したアジア通貨危機の影響で，1998年のマレーシアにおける港湾取扱貨物量は減少した。しかし，通貨危機でドル高リンギ安となったことから，マレーシア製品の価格面での競争力が回復し，取扱貨物量は増加に転じた。この経済回復時には，マレーシアの国家経済回復計画でも述べられているように，これまでに整備したインフラが有利に働いた。

　アジア通貨危機の後，第8次マレーシア計画（8MP, 2001～2005年）および第9次マレーシア計画（9MP, 2006～2010年）の期間中には順調にクラン港のハブ化が進められ，それに繋がる高速道路も整備された（Malaysia, 2001, 2006）。クラン港は，マレーシアの中でコンテナ取扱量が最も増加し，2008年の797万

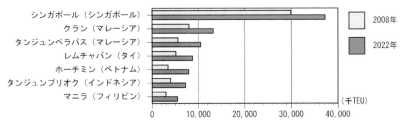

図 7-7　東南アジアの主要港湾におけるコンテナ取扱量の変化
CEIC データベースにより作成。

TEU が 2022 年には 1,322 万 TEU と 1.7 倍になった（図 7-7）。2008 年の取扱量はシンガポール港の 26.7％であったが，2022 年には 35.5％に増え，クラン港はシンガポール港に次ぐ東南アジア第 2 のハブ港として成長した。

2-2　タンジュンペラパス港の開発

　1990 年代のシンガポール港は，マレーシアの港湾にコンテナ取扱量で大きな差をつけ，東南アジア諸国と，日本，米国，ヨーロッパ諸国とを結ぶ重要なハブ港となっていた。1990 年代までにマレー半島南部のジョホール州に進出した企業は，シンガポール港への近接性が重要な立地要因となっていた。ただし，マレーシアからシンガポールへ製品を輸送するためにはジョホール水道を渡る必要があり，そのために慢性的な自動車渋滞が起こるコーズウェイ（Causeway）や，通行料金が高いセカンドリンク（Second Link）を利用する必要があった。

　そこでマレーシアは，シンガポール港湾への依存から脱却するための政策として，クラン港だけでなく，シンガポールの対岸にタンジュンペラパス港（PTP: Port of Tanjung Pelepas）を建設し，ハブ港にするための準備を進めてきた（Malaysia, 1996, 2001, 2006, 2011）。この港湾では，広大な背後地にターミナル整備や自由貿易地域（FTZ）の整備が行われ，サービス料金がシンガポールより安く設定された。2000 年にはコンテナ最大手のメルスク（Maersk），2002 年には台湾最大手の長栄海運が拠点港としてタンジュンペラパス港の利用を開始した（加藤，2018）。

　このタンジュンペラパス港を利用することで，マレーシアの企業はコーズ

ウェイを通ることなく，コンテナ貨物の積み揚げを行うことができるようになった。また，マレーシアは国内の港湾利用を促進することで，1990年代における経常収支赤字の原因となったサービス収支の赤字を減らすことができた[4]。

ヨーロッパや南アジアなどインド洋方面に向かう船舶にとってはクラン港の方が目的地に近い。また，東アジアなど南シナ海方面に向かう船舶にとって，タンジュンペラパス港はシンガポール港と同程度の位置の優位性をもつ。そのため両港は順調に発展し，クラン港のコンテナ取扱量は2000年に世界12位となって東京港や横浜港を抜いた。さらに，2020年にはタンジュンペラパス港も世界15位のコンテナ取扱量となった（図7-8）。これらの港湾は，シンガポー

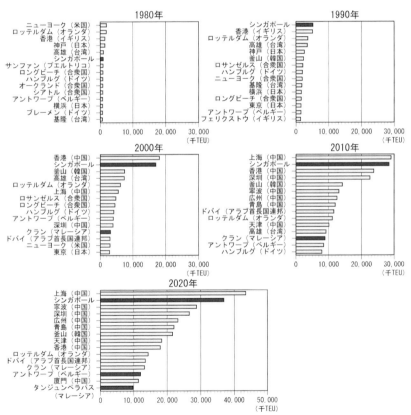

図7-8 世界の港湾におけるコンテナ取扱量の推移
国土交通省資料により作成。

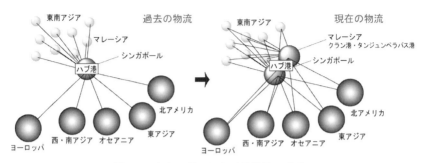

図 7-9　東南アジアにおける物流の変化

ルに次ぐ東南アジアのハブ港として，マレーシアの経済発展に大きく貢献した（図 7-9）。

2-3　イスカンダル計画

　2000 年代後半に世界金融危機が発生してマレーシアの経済は減速したが，政府は内需刺激策を追加してインフラ整備を進め，金融危機後の経済発展に繋げようとした。2000 年代後半におけるマレーシアの港湾整備では，クラン港のハブ機能強化だけではなく，タンジュンペラパス港を含むジョホール州の臨海地域における開発が注目された。

　このジョホール州の広域開発計画はイスカンダル計画（Iskandar Malaysia Project）と呼ばれ，第 9 次マレーシア計画（9MP, 2006 ～ 2010 年）における 5 つの広域地域開発構想の中で特に重点が置かれた（Malaysia, 2006）。

　ジョホール州はジョホール水道を挟んでシンガポールの対岸に位置しており，シンガポールと比較して土地や人件費が安価であった。この利点を生かし，ジョホール州とシンガポールとが連携した開発を進めるため，2006 年にマレーシア政府はイスカンダル計画を発表し，計画を主導するイスカンダル地域開発庁（IRDA: Iskandar Regional Development Authority）を設置した。

　計画を実施するためのイスカンダル開発地域（IDR: Iskandar Development Region）ではジョホール州にある 3 つの港湾（タンジュンペラパス港，タンジュンランサット港，ジョホール港）やセナイ国際空港の整備を進め，これらを繋ぐ高速道路を建設することが計画された。この計画では 5 つの核心地

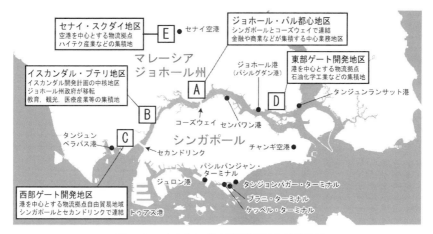

図 7-10 イスカンダル開発計画の対象地域
A～Eはイスカンダル開発計画の核心地区（Flagship Zone）であり，枠内の説明は目標である．イスカンダル地域開発庁（IRDA）資料により作成．

域（Flagship Zone）が指定され，ジョホール港がある東部ゲート地区は製造業，タンジュンペラパス港のある西部ゲート地区は物流を中心とする開発が行われることとなった（図7-10）．

2024年1月にはマレーシアとシンガポールとで，ジョホール－シンガポール経済特別区（JS-SEZ: Johor-Singapore Special Economic Zone）設立に向けた合意がなされた．この特別区は，両国間の貿易を促進して経済的連携を強化することを目的としており，原材料や部品・設備の輸入関税・売上税の免除，雇用助成金，人材育成向けの助成金などの優遇措置が採られることになった．

このようにシンガポールに近接したジョホール州における開発により，マレーシアはシンガポールと連携して港湾機能および関連機能を拡充し，シンガポールにとってもこの開発は自国の機能集積域を国外に拡大させる狙いがあった．

3．マラッカ海峡における船舶の安全対策強化

東南アジア諸国にとって港湾の整備だけでなく，船舶の安全対策の強化も重要な課題であり，この点ではシンガポール，マレーシア，インドネシアなどマラッカ海峡周辺国での連携体制が構築されてきた（山田，2007）．

マラッカ海峡は，マレー半島とスマトラ島に挟まれた，全長約1,000 kmの海峡である。マラッカ海峡の北端（スマトラ島北端とタイ南部のプーケット島の間）は396 kmであるが，ここから南東にかけて幅が狭くなり，海峡南端（シンガポールとバタム島およびビンタン島の間）は約90 kmとなる。その中でシンガポール海峡は幅5 kmの航路であり，シンガポール海峡の手前では幅1 km以下となるため，多くの貨物船がシンガポール海峡の手前で速度を落とし，300〜500 m間隔で列を作って順番に航路を通過している。また，マラッカ海峡の途中には1,300 mの幅でしか大型船が航行できない場所があり，ここでも船舶は速度を落として航行することになる。このような海域では海賊が出没し，船舶が被害に遭いやすい（関根，2006；読売新聞社会部，2000）。

　クアラルンプールの国際海事局（IMB）海賊情報センターによると，2004年に世界で起きた海賊事件は325件であり，マラッカ海峡およびシンガポール海峡では45件が発生した（日本経済新聞2005年3月16日）。タンカーやコンテナ船の中には自衛策を講じているものもあるが，タグボートのような小型船で自衛用の装備をもつものは少ないため，これらが海賊の目標とされた。2005年3月14日に，マレーシア・ペナン島沖で日本船籍のタグボートが3隻の海賊船に襲撃された事件も，運搬船を曳航してインドネシアのバタム港からミャンマー沖合の油田採掘現場に向かう途中で起きたものであった。

　この問題に対応するため，2004年11月に関係国間で「アジア海賊対策地域協力協定」（ReCAAP）が採択された。2001年11月に日本の提案で開始された本協定の交渉には，ASEAN10か国，日本，中国，韓国，インド，スリランカ，バングラディシュの16か国が参加した（日本海難防止協会シンガポール連絡事務所，2006）。また，2004年5月にはシンガポールのチャンギ海軍基地が稼働し，2005年9月にはシンガポール，マレーシア，インドネシア，タイによる海賊・テロ対策のマラッカ海峡合同パトロールが開始された（アジア経済研究所，2006）。

　マラッカ海峡の海賊事件は，2004年の46件から2010年の5件へと減少したが，2023年には38件に増加した（図7-11）。また，アデン湾をはじめとするソマリア海賊による事件が増加したことで，世界全体における東南アジアの海賊事件の割合は2004年の48.0％から2010年の15.7％に低下したが，2023年には55.8％に増えた。さらに，東南アジアにおけるマラッカ・シンガポール

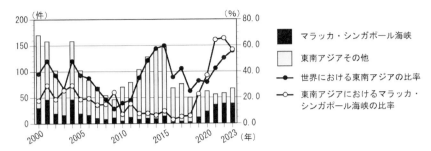

図 7-11　マラッカ海峡およびシンガポール海峡における海賊事件数の推移
国際海事局（IMB）年次報告書および国土交通省海事局外航課資料により作成。

海峡の海賊事件の割合も，2004 年の 29.1％から 2010 年の 7.1％に減少した後，2022 年には 65.5％まで大きく増加した。

　シンガポールは，2009 年 1 月に海軍の沿岸司令部（COSCOM）を海上安全タスクフォース（MSTF）に再編成して体制強化をはかり（アジア経済研究所，2010），海賊への対抗策を講じているが，マラッカ海峡・シンガポール海峡の海賊事件が増加が続いている。東南アジア諸国の経済を維持するためにも，マラッカ海峡における海運の安全は必須であり，対応策の強化が求められている。

注
1) 経常収支とは，国際収支の中核で，貿易収支，サービス収支，所得収支，経常移転収支の 4 つの経常取引の収支の総称である。貿易収支は輸出入の集計，サービス収支は運賃・旅行・保険料・情報・特許使用料などサービスの収支，雇用者報酬・投資収益の収支，経常移転収支は対価をともなわない開発途上国への経済援助や国際機関への拠出金の額である。
2) TEU（Twenty-foot Equivalent Unit，20 フィートコンテナ換算個数）とは，コンテナターミナルの貨物取扱数など貨物の容量を示すために使われる単位であり，20 フィートコンテナの 1 個分を 1TEU という。
3) シンガポールでは，貨物の種類により扱う場所を区分することで，効率的な積み込みや荷揚げが行われている。一般貨物はタンジョンパガー，ケッペル，ブラニなどの南東地域，バルク貨物は南西部のジュロン地区，コンテナ貨物は南中央部のパシルパンジャン地区で扱われている（図 7-10 参照）。ジュロン地区でバルク貨物の取扱が多いのは，当該地区のブクム島に東洋一の石油精製基地があるためである。また，ジュロン工業地帯で製造されたものを，アエ・ラジャ高速道路により短時間でタンジョンパガー，ケッペル，ブラニ，パシルパンジャンなどのコンテナターミナルへ輸送することができる。

4) たとえば 1996 年のマレーシアにおけるサービス収支は，対 GDP 比 7.8％に当たる 187 億 6600 万リンギの赤字であり，このサービス収支の中で赤字額が大きいものは，海上運賃・保険料収支などであった。

参考文献

アジア経済研究所編（2006）:『アジア動向年報 2006』アジア経済研究所.
アジア経済研究所編（2010）:『アジア動向年報 2010』アジア経済研究所.
加藤美帆（2018）:タンジュンペラパス港の発展と戦略. 港湾，2018(8)，36-37.
佐藤百合（2011）:『経済大国インドネシア　21 世紀の成長条件』中央公論新社.
関根　博（2006）:石油輸送の生命線　マラッカ海峡航行：現状と問題点. 石油・天然ガスレビュー，40（6），51-58.
チョードゥリー, A.，カークパトリック, C. 著. 嶋田晴行，瀬戸健太，不破雅実，三重野文晴 訳（1997）:『発展途上国の開発政策と計画』，古今書院.
日本海難防止協会シンガポール連絡事務所（2006）:『マラッカ・シンガポール海峡白書 2006 ―東南アジアの生みの安全の現状と課題―』日本海難防止協会.
日本貿易振興会編（1998）:『アジアは活力を取り戻せるか　グローバリゼーションと日米企業の役割』日本貿易振興会.
細川隆雄，奥田孝晴編（1997）:『アジアの経済発展と流通機構』晃洋書房.
三菱 UFJ リサーチ & コンサルティング（2015）:フィリピン経済の現状と今後の展望～なぜ好調なのか？ 好調は長続きするのか？～. https://www.murc.jp/wp-content/uploads/2022/10/report_150317.pdf（2024 年 6 月 18 日閲覧）
山田吉彦（2007）:海洋安全にかかる費用負担の一考察―マラッカ海峡を例示として―. 経済科学研究，4，1-12.
横山　久，タミン, M. 編（1992）:『転換期のマレーシア経済』，アジア経済研究所.
読売新聞社会部（2000）:『マラッカ海賊海峡』，ワック出版部.
Iskandar Regional Development Authority（2007）:*Investing in Iskandar.* Iskandar Regional Development Authority（IRDA）.
Malaysia（1996）: *Seventh Malaysia Plan 1996-2001.* Percetakan Nasional Malaysia Bhd.
Malaysia（2001）: *Eighth Malaysia Plan 2001-2005.* Percetakan Nasional Malaysia Bhd.
Malaysia（2006）: *Ninth Malaysia Plan 2006-2010.* Percetakan Nasional Malaysia Bhd.
Malaysia（2011）: *Tenth Malaysia Plan 2011-2015.* Percetakan Nasional Malaysia Bhd.
Maritime Institute of Malaysia（1997）: *The Maritime Economy of Malaysia.* Pelanduk Publications.

第 8 章

東南アジアにおける知識経済化

1. シンガポールにおける知識経済化
1-1　1990 年代の IT クラスター形成

　経済グローバル化は，経済を発展させる上でプラスの影響を及ぼす一方で，アジア通貨危機，世界金融危機，コロナショックを発生させるようなマイナスの影響力ももつ[1]。これらグローバル化により引き起こされた経済的な危機には，国だけでなくローカルなレベルでの対応も重要となる（川波，2001）。近年，シンガポールやマレーシアをはじめとする東南アジア諸国は，1990 年代後半におけるアジア通貨危機を教訓に知識経済への移行を促進し，危機への抵抗力を高める政策を打ち出した。その一環として，各国では知識集約型の産業クラスター（知的クラスター）の形成が進められた。

　1990 年代のシンガポールは経済成長を続ける中で，資本集約型産業から知識集約型産業への移行を進めた。1991 年にシンガポールは研究開発を推進するために通産省（Ministry of Trade and Industry）の外局として国家科学技術庁（NSTB：The National Science and Technology Board，2002 年に国家科学技術研究庁（A*STAR）として再編）を設立した。

　国家科学技術庁は 1991 〜 1995 年の 5 か年計画として国家技術計画（NTP: National Technology Plan）を進めた。国家技術計画（NTP）は，マイクロエレクトロニクス，電子工学システム，製造技術，エネルギー，水，環境・資源，バイオテクノロジー，食品・農業技術，医学の 9 分野での最先端の科学技術による国際的な産業競争力向上の基盤を構築しようとしており，産業主導の研究開発に重点が置かれた[2]（渡辺編，2009）。

　国家技術計画（NTP）の終了後には，国家科学技術計画（NSTP: National Science and Technology Plan）が進められた。1996 〜 2000 年の計画（NSTP2000）

では，科学技術発展のための障害の排除，戦略的分野における技術能力開発，経済活動に結びつく科学技術分野の拡大，企業の研究開発奨励が目標とされた。なお，この期間におけるシンガポールの知的クラスター形成は，情報通信技術に特化したものであった。

1-2　2000年代のバイオメディカルクラスター形成

　アジア通貨危機の後に策定された2001～2005年の計画（NSTP2005）では，エレクトロニクス，エンジニアリング，化学に続き，バイオメディカル分野への投資が強化された。2000年6月にはシンガポール・バイオメディカル・サイエンス・イニシアティブ（BMSイニシアティブ：Singapore Biomedical Initiative）が発足し，製薬，バイオテクノロジー，医療技術，ヘルスケアサービスの4部門の推進政策が打ち出された[3]。このBMSイニシアティブでは，第1期（2000～2005年）には基礎的なバイオメディカル研究の基盤形成，第2期（2006～2010年）には基礎研究能力の向上と研究成果の実用化に向けた体制強化[4]が目標とされた。

　BMSイニシアティブの第1期には，5つの国立研究所でバイオプロセッシング，ゲノミクス，分子・細胞生物学，バイオエンジニアリング，ナノテク，バイオインフォマティクスなどの分野の研究能力が強化され，2003年10月にバイオ医学分野の研究開発拠点としてバイオポリス（Biopolis）が建設された（図8-1）。このバイオポリスには，(1) 各種のフレキシブルな税制優遇措置があること，(2) 研究所間の近接性に優れ，他社とコミュニケーションが取りやすいこと，(3) EDBの積極的なサポートがあること，(4) 高額な研究機器を研究所間で共同して使用できることを理由に企業が進出した（三菱東京UFJ銀行アジア法人事業部，2008）。

　バイオポリスが位置するワン・ノース（One-North）地区[5]は，中心市街地に近いボナビスタ（Buone Vista）地区に研究開発の拠点を形成するために，2001年のワン・ノース計画で整備された場所であり，ここにはフュージョノポリス（Fusionopolis）[6]も建設された。また，2000年にシンガポール西端部のセカンドリンク（トゥアス橋）付近に医薬品開発のための工業団地であるトゥアス・バイオメディカル・パーク（Tuas Biomedical Park）が建設され，ここに

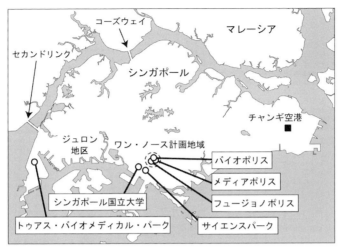

図 8-1　シンガポールの研究開発施設
Singapore（2011）により作成。

は欧米の医薬品企業や医療機器企業が進出した[7]。

　シンガポールが短期間にバイオメディカルクラスターを形成できた要因は，(1) 高付加価値産業の創出という明確な目的を設定したこと，(2) 政府が一丸となって取り組み大胆な政策を打ち出していること，(3) シンガポールが魅力的なビジネス基盤を持っていること，(4) バイオ医科学産業の基盤となる知的財産権制度や IT 産業が確立していること，(5) 民間企業と大学・国立研究所・病院との協力活動が円満なことであった（田辺，2010）。

　2010 年頃のバイオポリスでの研究開発は，特許取得に結びついていない状況であり（井上，2010），研究者からも研究開発に経済的効果を重視しすぎることに不満が出されていた（アジア経済研究所編，2012）。しかし，2000 年以降の製造業生産指数（2019 年の月平均を 100 とした場合）をみると（図 8-2），2010 年代に半導体の生産は低下したが，医薬品は上昇が続き，バイオメディカル関連産業はシンガポールの主要輸出産業となった。さらに，新型コロナウィルス感染拡大に伴う医薬品需要の急増によって医薬品生産は極めて好調となり，指数は 2020 年 3 月，4 月，9 月に 200 を超え，2021 年 3 月から 2023 年 1 月まで連続して 100 を超えた。

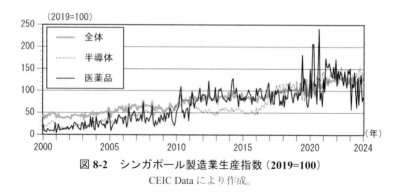

図 8-2　シンガポール製造業生産指数（2019=100）
CEIC Data により作成。

　このように，研究開発を産業育成に結び付けようとするシンガポールの戦略は，トゥアス・バイオメディカル・パークに米国の製薬大手ファイザー（Pfizer）やスイス製薬大手ノバルティス（Novartis）などが建設されたように，海外からの大規模な投資を呼び込んで医薬品の世界的な製薬企業の生産拠点を形成したという点で大きな成果がみられた。

1-3　研究・技術革新・企業計画による知識経済化

　シンガポールは 1990 年代の IT 分野と，2000 年代のバイオメディカル分野で知識経済化を進めた後，新たな分野で研究開発を推進し，高付加価値の産業構造へ転換をはかった。その指針として，シンガポール政府は 2011 年から 5 年おきに研究・技術革新・企業計画（RIE：Research, Innovation and Enterprise Plan）を策定した（図 8-3）。

　2011 〜 2015 年の研究・技術革新・企業計画（RIE2015）には 161 億シンガポールドルの予算が割り当てられた（Singapore, 2011）。RIE2015 の主要戦略は，(1) 将来のイノベーションの基盤となる基礎科学の推進と知識の生成，(2) 人材の誘致と育成，(3) 競争的資金の設置，(4) 公共部門と民間部門の相乗効果向上，(5) 経済効果に重点を置いた研究開発であった。

　続いて，2016 〜 2020 年の研究・技術革新・企業計画（RIE2020）には 190 億シンガポールドルの予算が割り当てられ，先進的製造業・エンジニアリング，ヘルスケアおよびバイオ・サイエンス，都市型ソリューションおよび持続可能性型産業，サービスおよびデジタル化経済が重点分野とされた（Singapore, 2016）。

- 1991-1995　国家技術計画（NTP）…科学技術庁（NSTB）設立
- 1996-2000　国家科学技術計画（NSTP2000）
- 2001-2005　国家科学技術計画（NSTP2005）…BMSイニシアティブ発足
- 2006-2010　国家科学技術計画（NSTP2010）…環境・水技術，インタラクティブ・デジタルメディアに関する戦略的研究プログラム開始
- 2011-2015　研究・技術革新・企業計画（RIE2015）
- 2016-2020　研究・技術革新・企業計画（RIE2020）…4つの戦略的領域を中心に取り組みを編成
- 2021-2025　研究・技術革新・企業計画（RIE2025）

図 8-3　シンガポールの研究開発計画
Singapore（2020）により作成．

　さらに，2021〜2025年の研究・技術革新・企業計画（RIE2025）には190億シンガポールドルの予算が割り当てられ，投資の効果を上げるために，(1) RIEミッションの拡大と，より広範な国家ニーズへの取り組み，(2) 科学的基盤の強化，(3) 技術移転を推進し，企業のイノベーション能力を強化するためのプラットフォームの拡大という3つの戦略的重点分野が設定された（Singapore, 2020）。

　これら計画で，シンガポールではIT分野やバイオメディカル分野だけでなく，水資源，情報通信とメディア，宇宙，サイバー・セキュリティー，フィンテック（金融にITを組み合わせて新しいサービスを生み出す分野）など複数分野で研究開発が進められた．さらに，シンガポールでは，自国の問題解決のための技術開発を産業化する動きもあり，水不足解消のための海水淡水化やニュー・ウォーター（下水再生水）生成，輸入依存度の高い食糧の自給率上昇に向けた都市型ハイテク農業などの取り組みが行われた（アジア経済研究所編，2020）。

2．マレーシアにおける知識経済化

2-1　第3次長期展望計画と国家ビジョン政策

　マレーシアでは，国家開発政策（NDP: National Development Policy, 1991〜2000年）の期間に発生したアジア通貨危機により，マレーシアの外資に依存しすぎる経済構造上の問題が浮上した．その克服のためにマレーシアは，国家ビジョン政策（NVP: National Vision Policy, 2001〜2010年）[8]を策定し，その内容を具体的に定めた第3次長期展望計画（OPP3: Third Outline Perspective Plan, 2001

表 8-1　P- エコノミーと K- エコノミー

	P- エコノミー（労働集約型経済）	K- エコノミー（知識集約型経済）
構造	製業・農業・建設業・鉱業・サービス業部門	複数の部門の組み合わせ・境界が曖昧，知識集約型部門の発生
生産要素	土地・労働者・資源，収穫逓減，階級的組織	知的資本・知識，収穫逓増
製品	安定した長いライフサイクル，大量生産	不安定な短いサイクル，知識集約型コンテンツにカスタマイズ
生産・資源	市場で取り引き	情報を通じて市場スペースで取り引き
競争優位性	労働力における低コスト・豊富な原料品・生産作業による	知的資本・知識の開発（利用），知識集約型作業・e コマースの成長による

Abdulai（2001）により作成。

〜 2010 年）や第 8 次マレーシア計画（8MP, 2001 〜 2005 年）には，知識経済への移行や内発的発展などの新たな要素が加えられた（Malaysia, 2001）。

知識経済への移行は，2000 年 3 月にマレーシア政府が発表した P- エコノミー（Product-based Economy, 労働集約型経済）から K- エコノミー（Knowledge-based Economy, 知識集約型経済）への転換をはかる K- エコノミー構想に基づいたものであり（表 8-1），情報通信技術を柱として，熟練労働者による 1 人当たりの付加価値を増加させる狙いがあった[9]。

2-2　マルチメディア・スーパー・コリドーの形成と
　　　マレーシア・デジタルへの移行

第 7 次マレーシア計画（7MP, 1996 〜 2000 年）の期間には，IT 産業振興のために政府諮問機関として国家情報技術会議（NITC）が設置され，マルチメディア・スーパー・コリドー（MSC: Multimedia Super Corridor）計画が提唱された（Malaysia, 1996）。この MSC 計画は 1991 年に発表されたビジョン 2020 の柱であり，K- エコノミーへの移行に際しての中核として位置づけられた（Multimedia Development Corporation, 1999 ; Mazelan et al., 1999）。

第 8 次マレーシア計画では，この MSC を拠点として高度情報産業化を推進し，従来からの外資直接投資だけでなく国内資本による成長を促すことで，内発的発展のための基盤を構築しようとした。MSC 計画では，これまでマレーシア経済を牽引してきた製造業とあわせて，新たに IT 産業を中心とする知識集約型産業を育成することが目標とされ，クアラルンプール・シティ・センター

第 8 章　東南アジアにおける知識経済化　　137

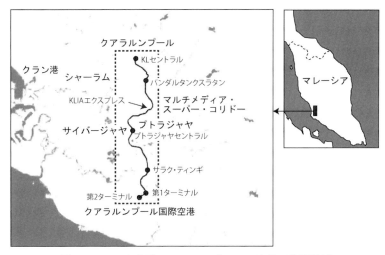

図 8-4　マルチメディア・スーパー・コリドー計画地域

(KLCC)，新行政都市プトラジャヤ，新クアラルンプール国際空港 (KLIA) を含む約 15 km × 50 km の範囲が対象地域とされた (図 8-4)。この MSC 計画のフラグシップ・プロジェクトとして R&D クラスターなどの 7 プロジェクトが提案された (Multimedia Development Corporation, 1998 ; Ariff and Chuan eds., 2000) (表 8-2)。

MSC 計画では多国籍企業を誘致するための優遇策として MSC ステータスが設けられた。MSC ステータス取得企業は政府の公認企業となり，MSC 10 の公約 (BoGs)[10] に基づく各種の優遇措置を受けることができた。MSC 計画は 1996 年から 2020 年までの長期計画であり，第 1 期 (1996-2003 年) には 5 か

表 8-2　MSC 計画のフラッグシップ・プロジェクト

多目的カード	身分証明書，運転免許証や銀行 ATM などの行政および民間サービスを 1 枚のカードに集約
電子政府	運転免許の申請，車両登録や公共料金の支払いなどの利便性を向上させるもので，オフィスの完全ペーパーレス化
スマート・スクール	情報化社会に対応した教育制度の変革
遠隔医療ボーダーレス・マーケティング	医療情報と遠隔医療の組み合わせにより，より高度なヘルスケアの実現を目指すもの．病気になってからのケアのみならず，病気にならないような日常のケアにも重点
国際間遠隔製造網	複数言語での対応が可能なマレーシア人によるアジア地域のカスタマーセンターの設置が可能．テレマーケティング，オンライン情報サービス，e コマース，デジタル放送など
R&D クラスター	R&D (研究開発)，デザイン，エンジニアサポート，製造管理，調達，物流サポートなど．アジアでの最初の世界水準の研究開発センターを目指し，政府の強力な支援の下で企業に魅力的な研究開発環境を提供することを目的．マルチメディア大学を中心とした人材供給，先端の研究所を設置

Abdulai (2001) により作成．

所のサイバーシティを認定して MSC ステータスの認可を受けた企業や大学を 1,000 社以上にすること，第 2 期（2004-2010 年）には MSC サイバーシティ／サイバーセンター資格を全国展開すること，第 3 期（2011-2020 年）にはマレーシアで知識情報を基盤とした経済社会を構築することが目標とされた。

この MSC は，2022 年に経済情勢の変化に合わせて，デジタル経済に関する新たな国家戦略イニシアティブであるマレーシア・デジタル（MD: Malaysia Digital）へと移行した。マレーシア・デジタル経済公社（MDEC）によると，マレーシア・デジタルでは，デジタル農業，デジタルサービス，デジタル都市，デジタルヘルス，デジタルファイナンス，デジタル貿易，デジタルコンテンツ，デジタル観光，イスラムのデジタル経済の 9 つが主要分野とされた[11]。

2-3　アジア通貨危機後におけるマレーシア計画と知識経済化

マレーシアは，1990 年代から知識経済化を進め，その指針として長期の経済計画や 5 年ごとの国家計画が策定された（図 2-4 参照）。

2006 年 3 月に発表された第 9 次マレーシア計画（9MP, 2006 ～ 2010 年）には，2020 年までの 15 年間を対象期間とするナショナル・ミッションが掲載された（Malaysia, 2006）。これに対応して策定された第 3 次工業化マスタープラン（IMP3: Third Industrial Master Plan, 2006 ～ 2020 年）では，非資源活用型産業（non-resource based industry）として電気・電子機器，医療機器，繊維・アパレル，機械・装置，金属，輸送機器の 6 業種と，資源活用型産業（resource based industry）として石油化学製品，医薬品，木材，ゴム，パームオイル，食品加工の 6 業種が成長産業に指定された。特にパームオイル産業については，関連産業成長の支援を目的として，東部ジョホール州と南部パハン州，南部ケランタン州と北部トレンガヌ州，サバ州とサラワク州にパームオイル産業クラスター（POIC: Palm Oil Industrial Cluster）が設立された。

第 10 次マレーシア計画（10MP, 2011 ～ 2015 年）では，高所得，包摂性，持続可能性を前提とした新経済モデル（NEM: New Economic Model）[12] と，これを実現するための政府改革プログラム（GTP: Government Transformation Programme）[13] および経済改革プログラム（ETP: Economic Transformation Programme）の目標が盛り込まれた（Malaysia. 2011）。この経済改革プログラ

ムでは，石油・ガス，パームオイルおよび関連製品，金融サービス，観光業，卸売・小売業，情報通信技術，教育産業，電子・電機，ビジネスサービス，医療，農業，グレーター・クアラルンプール（KL 再開発）の 12 分野が重点分野とされ，131 のエントリー・ポイント・プロジェクト（EPPs）が特定された。

第 11 次マレーシア計画（11MP, 2016 ～ 2020 年）では，(1) 生産性向上，(2) 経済成長を導く投資促進，(3) 輸出拡大，(4) 財政の柔軟性向上が目標とされた（Malaysia, 2016）。なお，2018 年の中間報告で，2020 年までの先進国（高所得国）入りの目標達成は 2024 年に延期された。

ビジョン 2020 に続く「繁栄の共有ビジョン」（SPV2030: Shared Prosperity Vision 2030）が 2018 年 10 月に示され，2021 年 9 月には第 12 次マレーシア計画（12MP, 2021 ～ 2025 年）が発表された（Malaysia, 2021）。その後，2022 年 11 月 24 日にアンワル・イブラヒム（Anwar Ibrahim）が第 10 代首相に就任すると，2023 年 7 月には 10 年間の経済ビジョンであるマダニ（MADANI）経済政策が公表された[14]。その一環として 9 月 1 日に発表された新産業マスタープラン（NIMP2030）では，電子・電機分野や科学分野を優先セクターとしつつ，パームオイル，石油，ゴムなどの資源活用型産業についても産業高度化を進めることが示された。

このようにマレーシアは，1990 年代から MSC を中心とした知識経済化を進め，その後は複数の分野で産業高度化に取り組んできた。その中で，資源保有国としての優位性を活用した資源活用型産業などの分野で知識経済化の可能性を探る試みが継続的に行われた。

2-4　マレーシア南部のイスカンダル開発地域

知識経済化を見据えたマレーシア南部の地域開発として，本書の第 7 章でも解説したジョホール州南部で行われているイスカンダル計画（Iskandar Regional Development）がある。この開発は，2006 年から始まった第 9 次マレーシア計画における 5 つの広域地域開発構想の中で特に重点が置かれたものであり，第 10 次マレーシア計画では港湾機能だけではなく都市機能や工業機能などを充実させることが目標とされた（Malaysia, 2006, 2011）。この計画を主導するのはイスカンダル地域開発庁（IRDA: Iskandar Regional Development

Authority）であり 2006 年に設置された。

　イスカンダル開発地域（IDR: Iskandar Development Region）はジョホール水道を挟んでシンガポールの対岸に位置するジョホール州にあり，2,217 km^2（シンガポールの国土の約 3 倍）という広大な土地に，工業団地，大学，テーマパーク，住宅地などを整備するものであった（Iskandar Regional Development Authority, 2007）。計画では，5 つの核心地域（Flagship Zone）で製造業 3 分野（電気・電子，油脂・石油化学，食品・農産物加工）とサービス業 6 分野（物流，観光，医療，教育，金融，情報通信技術）の産業クラスターを形成することが目標とされ，製造業は東部ゲート地区，物流は西部ゲート地区とセナイ・スクダイ地区，教育・観光・医療は行政都市イスカンダル・プテリ（Iskandar Puteri）地区（2016 年 1 月にヌサジャヤ（Nusajaya）から改名），金融はジョホール・バル都心地区，情報通信技術はセナイ・スクダイ地区が開発の中心として指定された（図 7-10 参照）。

　情報通信技術の分野で開発の中心となるセナイ空港[15]の周辺では，空港に近接したクライ地区（Kulai）の MSC サイバーポート・ジョホールが，MSC 10 の公約（BoGs）の一部を実現するための MSC サイバーセンターに指定された。また，イスカンダル・プテリ地区には，知識集約型産業育成のためにインターナショナルスクールを集めた教育特区 Edu City が作られ，ここでニューキャッスル大学やサウサンプトン大学などのキャンパスが開設された（Iskandar Regional Development Authority, 2007）。また，2024 年 9 月には，イスカンダル・プテリのフォレストシティ金融特別区（SFZ）立ち上げが政府から発表された。

　グローバル経済においては国内外のリソースを素早く低コストで入手し，技術革新や製品化へ繋げ，高い付加価値を生み出す知的クラスターの形成が，産業競争力の向上に繋がる（三和総合研究所調査部，2001）。この知的クラスターは先端技術産業の集積により形成され，そのために技術者が起業し，水平的企業関係を形成・維持できる態勢が必要となる（Ariff and Flatters eds., 2001）。さらに，クラスター間とのネットワーク化を進め，開発から販売までが結ばれたイノベーション創造メカニズムを実現することも重要である。このような知的クラスター形成の点からも，マレーシアとシンガポールの資本が投入されたイスカンダル開発地区には今後注目する必要がある。

注

1) 金融のグローバル化は，世界的な資源配分の効率化を促すものと期待される。しかし，実体経済以上の巨額な資本取引が可能となることで，アジア通貨危機のように大量かつ急激な資本の流出入が国の経済に深刻な困難を引き起こす可能性が高まる（原，1998；経済企画庁総合計画局編，1999；石筒，2000）。
2) NTP による研究開発の特徴は（1）企業が利益を得る可能性により動機づけられていること，（2）独占的販売が可能な製品を生産する目標を持っていること，（3）研究開発は企業自体が行うことであった（日本政策投資銀行シンガポール駐在事務所，2000）。
3) バイオメディカルクラスターを発展させるために，科学技術研究庁 (A*STAR) に設立した科学技術庁バイオメディカル研究委員会（BMRC：Biomedical Research Council），経済開発庁（EDB：Economic Development Board），厚生省国家医学研究委員会（NMRC：National Medical Research Council）の政府 3 機関が連携し，研究環境整備，産業支援，資金提供，人材育成に取り組んだ。
4) そのために，新しく開発した医療を日常医療へ応用していくまでのトランスレーショナルリサーチ（Translational Research，橋渡し研究）や臨床研究が強化された。
5) ワン・ノース計画は，シンガポールが北緯 1 度に位置することにより名付けられた。
6) フージョノポリス（Fusionopolis）は情報通信関連の研究複合施設，多種多様なアイディアをクロスオーバーさせ新たな創発型先端産業を育成するための研究開発拠点である。
7) 米国系企業としては Merck Sharp & Dohme Ltd, Pfizer Asia Pacific Pte Ltd, Wyeth Nutritionals Pte Ltd, CIBA Vision Asian Manufacturing and Logistics Pte Ltd, Abbott Manufacturing Pte Ltd, スイス系企業として Novartis Singapore Pharmaceutical Manufacturing Pte Ltd, Lonza Biologics Pte Ltd, イギリス系企業として GlaxoSmithKline Biologicals Pte Ltd などが入居した（三菱東京 UFJ 銀行アジア法人事業部，2008）。
8) 国家ビジョン政策（NVP）における主要目標は，強靭な国家形成（政治的成熟，社会経済的質の向上），平等な社会実現（地域格差是正，ブミプトラ政策維持），持続可能な成長（内発的発展），経済のグローバル化・自由化に対応した競争力強化，知識型経済の実現，人材育成および R&D 推進，情報インフラ整備，環境対策などである。
9) このような経済構造への移行のため第 3 次長期展望計画（OPP3）では，(1) 知的人材育成，(2) 国内における科学技術（S&T）の高度化と研究開発（R&D）の促進，(3) 情報インフラ整備，(4) 知的活動に適合した資金提供を可能にする金融構造改革，(5) 農業・製造業・商業サービス業における知識要素投入の増加，(6) 民間セクターの知識型経済への参入機会の増加，(7) 公的セクターの効率化，(8) 知識の倫理的利用の促進，(9) 社会内部におけるデジタル環境の違い（人種，年齢，地域，所得などのデジタルデバイド）への対応が目標とされた。
10) MSC 10 の公約（BoGs）とは，MSC ステータスを有する企業に対する優遇措置であり，(1) 世界最高水準の情報基盤を提供，(2) 海外の知識労働者の雇用を完全に保証，(3) 100% 外国資本の参入を保証，(4) MSC インフラ投資のための資本調達を完全自由化，(5) 10 年間の法人所得税の免除，投資奨励策，マルチメディア関連の輸入関税を免除，低利の融資制度の提供 (6) サイバー法や知的著作権保護の地域のリーダーとなる，(7) インターネットの検閲を行わない，(8) 世界で最も低廉な通信料金を実現，(9) MSC の主要

プロジェクト入札を MSC ステータス企業に開放，(10) MDC（マルチメディア開発公社）が企業ニーズに総合的に対応する 10 項目であった（Abdulai, 2001）．
11) MDEC プレスリリース（2022 年 7 月 5 日）「Important Updates and New Location Provision under Malaysia Digital (MD)」(https://mdec.my/static/pdf/expats/MD_announcement-important-updates_by-MDEC_final_4-July-2022.pdf，2024 年 8 月 7 日閲覧）および MDEC ウェブサイト（https://mdec.my/malaysiadigital，2024 年 8 月 7 日閲覧）による．
12) 新経済モデル（NEM : New Economic Model）は 2010 年 3 月に発表され，(1) 規制緩和や民営化の促進による民間セクターの再活性化，(2) 労働の質向上と外国人労働者への依存からの脱却．(3) 補助金削減等を通じた競争的な国内経済の創出，(4) 公共セクターの強化，(5) 透明性が高く市場好的な優遇政策，(6) 知的インフラの整備，(7) 成長セクターの強化，(8) 環境と財政両面での持続可能な成長，(9) 下層 40% の能力構築を目指すものであり，2020 年までの先進国（高所得国）入りを目標として経済構造の抜本的な改革を行うものであった．
13) 政治改革プログラム（GTP : Government Transformation Programme）では，効率的で透明性の高い行政サービスの提供を目標とし，(1) 犯罪発生率の削減，(2) 汚職撲滅，(3) 教育水準の引き上げ，(4) 低所得者層の生活水準引き上げ，(5) 地方部での基盤インフラの改善，(6) 公共交通機関の改善が目標とされた．
14) マダニ（MADANI）経済政策は，国家エネルギー移行ロードマップ，新産業マスタープラン 2030（NIMP203），第 12 次マレーシア計画の中間報告などの具体的な政策の基礎となるものである．なお，MADANI は「持続可能性，繁栄，革新，尊敬，信頼，思いやり」のマレー語の頭文字から付けられたとされる．この計画では今後 10 年以内に達成すべき 7 つの中間指標として，(1) 経済大国として世界トップ 30 以内，(2) 世界競争力指数の世界トップ 12 以内，(3) 総所得における労働所得の割合を 45%，(4) 女性の労働力参加率を 60%，(5) 人間開発指数（HDI）で世界トップ 25 以内，(6) 腐敗認識指数（CPI）で世界トップ 25 以内，(7) 財政の持続可能性に向けて財政赤字を 3% 以下の 7 項目が設定された．
15) 正確にはスルタン・イスマイル空港（Sultan Ismail Airport）である．

参考文献

アジア経済研究所編（2012）:『アジア動向年報 2012』アジア経済研究所．
アジア経済研究所編（2020）:『アジア動向年報 2020』アジア経済研究所．
石筒　覚（2000）: 産業集積と日系企業－マレーシア・エレクトロニクス産業の事例－．森澤恵子，植田浩史編『グローバル競争とローカライゼーション』東京大学出版会，109-130．
井上　彰（2010）: シンガポールのバイオ産業イノベーション政策．医薬産業政策研究所政策研ニュース，30，46-48．
川波洋一（2001）: 国際金融危機からの回復と構造改革への取り組み－アジアにおけるグローバリズムとリージョナリズムの相克－．矢田俊文，川波洋一，辻　雅男，石田　修編:『グローバル経済下の地域構造』九州大学出版会，63-82．
経済企画庁経済研究所編（1999）:『知識・情報集約経済への移行と日本経済』経済企画庁経済研究所編．

三和総合研究所調査部（2001）:『アジアの IT 革命』東洋経済新報社．
田辺孝二（2010）:シンガポールのバイオ医療クラスター形成．地域開発，549，10-14．
日本政策投資銀行シンガポール駐在事務所（2000）:シンガポールの R&D 及び技術系起業家精神育成策．日本政策投資銀行 DBJ レポート，1-19．
原　洋之介（1998）:ASEAN4 の経済成長と通貨・金融危機．大蔵省財政金融研究所編:『ASEAN4 の金融と財政の歩み－経済発展と通貨危機－』大蔵省財政金融研究所，3-20．
三菱東京 UFJ 銀行アジア法人事業部（2008）: 発展するシンガポールのバイオメディカル産業～バイオポリスの開発，企業誘致政策について～．MICA Economic and Industry Reports: Singapore-Area Report，167，1-17．
渡辺利夫編（2009）:『アジア経済読本（第 4 版）』東洋経済新報社．
Abdulai, D. N.（2001）: *Malaysia and the K-economy: Challenge, Solutions and the Road Ahead.* Pelanduk Publications.
Ariff, I. and Chuan, G. C. eds.（2000）: *Multimedia Super Corridor.* Leeds Publications.
Ariff, M. and Flatters, F. eds.（2001）: *Globalization and the Knowledge Economy: Perspective for Malaysia.* Malaysian Institute of Economic Research.
Malaysia（1996）: *Seventh Malaysia Plan 1996-2001.* Percetakan Nasional Malaysia Bhd.
Malaysia（2001）: *Eighth Malaysia Plan 2001-2005.* Percetakan Nasional Malaysia Bhd.
Malaysia（2006）: *Ninth Malaysia Plan 2006-2010.* Percetakan Nasional Malaysia Bhd.
Malaysia（2011）: *Tenth Malaysia Plan 2011-2015.* Percetakan Nasional Malaysia Bhd.
Malaysia（2016）: *Eleventh Malaysia Plan 2016-2020.* Percetakan Nasional Malaysia Bhd.
Malaysia（2021）: *Twelfth Malaysia Plan 2021-2025.* Percetakan Nasional Malaysia Bhd.
Mazelan, N. A., Harnevie, N. and Valida, A. C.（1999）: *Multimedia Super Corridor.* Asean Academic Press.
Multimedia Development Corporation（1998）: *Excerpts from the Speeches of Mahathir Mohamad on the Multimedia Super Corridor.* Pelanduk Publication（M）Shd Bhd.
Multimedia Development Corporation（1999）: *Multimedia Super Corridor: a Journey to Excellence in Institutions of Higher Learning.* ASEAN Academic Press LTD.
Singapore（2011）: *Research, Innovation and Enterprise 2015 Plan.* RIE Secretariat , Singapore.
Singapore（2016）: *Research, Innovation and Enterprise 2020 Plan.* RIE Secretariat , Singapore.
Singapore（2020）: *Research, Innovation and Enterprise 2025 Plan.* National Research Foundation, Prime Minister's Office, Singapore.

第 9 章

知的財産権に関する制度整備と特許出願

1. 知的財産権に関する国際条約

　本章は，知的財産権制度の国際的な整備について概観した上で，東南アジア諸国から出願される特許に注目して知識経済化の動向をみる。

　日本の知的財産基本法（平成 14 年法律第 122 号）において知的財産は「発明，考案，植物の新品種，意匠，著作物その他の人間の創造的活動により生み出されるもの（発見又は解明がされた自然の法則又は現象であって，産業上の利用可能性があるものを含む），商標，商号その他事業活動に用いられる商品又は役務を表示するもの及び営業秘密その他の事業活動に有用な技術上又は営業上の情報」のことであり，知的財産権は「特許権，実用新案権，育成者権，意匠権，著作権，商標権その他の知的財産に関して法令により定められた権利又は法律上保護される利益に係る権利」とされる（図 9-1）。

　特許の国際的保護の中心的な制度として，1883 年に工業所有権保護同盟条約（パリ条約）[1]が締結され，その後，1978 年に手続きの国際的統一や単一の手続きでの複数国出願を行うための特許協力条約（PCT: Patent Cooperation Treaty）[2]が発効された。特許協力条約により国際出願が増加し，特許出願件数は 1990 年の 25,500 件から 2022 年の 736,100 件となった[3]（図 9-2）。

　ヨーロッパでは，単一の出願でヨーロッパ諸国に特許出願を行うことができる「ヨーロッパ特許の付与に関する条約」（ヨーロッパ特許条約）（EPC：European Patent Convention）が 1977 年に成立し（図 9-3），2024 年 6 月の時点では 39 か国が加盟している[4]。この条約に基づいてヨーロッパ特許機構（European Patent Organization）が設立され，その執行機関としてヨーロッパ特許庁（(EPO: European Patent Office）が設置された。EPC が付与するヨーロッパ特許は，指定国における国内特許の複合体であり，その効力は各国の特許法で定められる

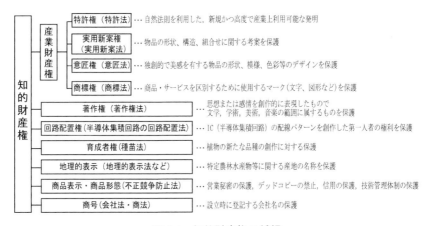

図 9-1 知的財産権の種類
特許庁資料および e-Gov 法令検索サイト（https://elaws.e-gov.go.jp/）により作成。

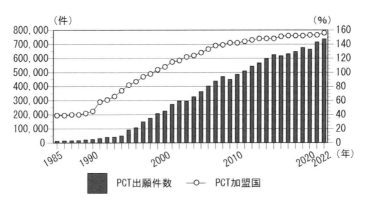

図 9-2 特許協力条約（PCT）の加盟国と出願件数の推移
WIPO IP Statistics Data Center データベース（http://ipstatsdb.wipo.org/ipstatv2/ipstats/patentsSearch）により作成。

こととされた（生田・名越法律特許事務所編，1998）。

なお，企業活動の国際化が顕著になるに従い技術移転などを円滑化するため，国際的な知的財産権保護の必要性が高まった。そこで，諸国間が協力して世界的な知的財産権保護を促進することを目的として，1974年に国際連合の専門機関として WIPO（世界知的所有権機関）が設立された（名和，1993）。

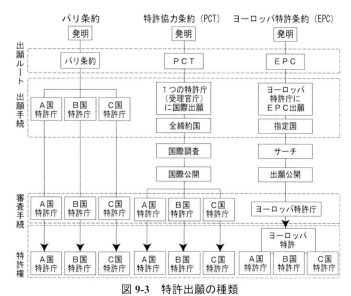

図 9-3 特許出願の種類
生田・名越法律特許事務所編（1998）により作成。

2. 米国の知的財産権政策
2-1 産業競争力委員会の設置とヤングレポート

　米国の積極的経済政策と冷戦下での軍事力強化政策により，1970年代後半からドル高が続いた。そのため米国では工業製品の国際競争力が低下し，海外への生産拠点の移転が進んだ。また，財政再建優先の緊急政策をとった日系企業が国際競争力を強めて米国市場へと急激に進出したことで，日米通商摩擦が起きた。そこで1980年代初頭に米国政府は，知的財産権の保護を重視するプロパテント政策を打ち出した[5]（図9-4）。

　1983年6月にレーガン政権は，ヒューレット・パッカード社のジョン・ヤング（John A. Young）社長を委員長として学会や産業界などの代表者からなる「産業競争力についての大統領委員会」（産業競争力委員会）を組織した。この委員会は経済に関する米国の総合的戦略について検討した結果を，報告書（ヤングレポート）として大統領に提出した。

　1985年1月に提出された第1次ヤングレポート『Global Competition: The New Reality（グローバル競争：新たな現実)』では，米国の競争力回復のため

第9章 知的財産権に関する制度整備と特許出願　147

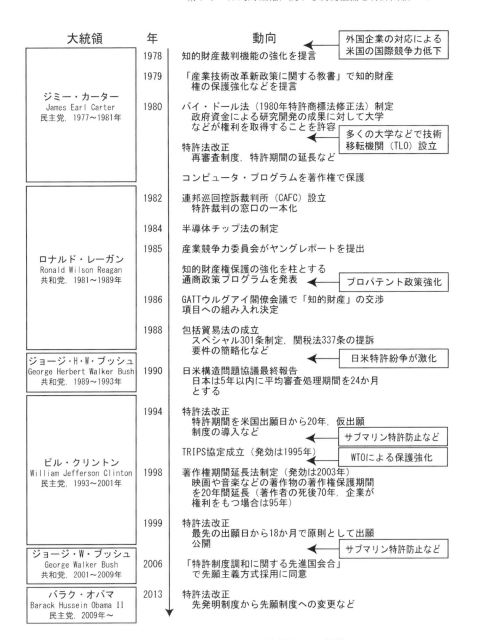

図 9-4　米国における知的財産権制度の整備
特許庁編『特許庁広報』,『特許行政年次報告書』各年版および特許庁資料により作成。

に必要な方策として，米国内外における知的財産権の保護強化を政策課題の最優先項目にすべきことが指摘された。このレポートでは，米国知的財産権の不正使用が米国技術の優位性を弱めるため，米国政府は条約・関税・通商交渉を通じた海外における知的財産権の保護強化を行うべきことが勧告された（馬場編，1998）。

また，1987年4月に提出された第2次ヤングレポート『America's Competitive Crisis: Confronting The New Reality（米国競争力の危機：新たな現実への直面）』は，貿易法の改正や2国間交渉などを通じて知的財産権の保護を強化すべきと勧告し，審議中であった包括貿易法案を支持する内容であった。

1988年8月に成立した包括貿易法はヤングレポートの提言を反映した内容となり，水際規制の強化による国内産業の保護，特許権の効力拡大だけでなく，知的財産権保護が不十分な国に対して通商法301条，スーパー301条，スペシャル301条，関税法337条などを通じた報復措置の強化がはかられた[6]（瀬戸岡，2003）。この報復措置を後ろ盾として，米国は知的財産権制度の整備を強く求める2国間交渉を繰り返し，米国に不利益をもたらす可能性のある国々を監視国に認定した。

2-2 知的財産権保護の強化と特許摩擦

さらに米国は，開発途上国が多数派を占めるWIPOより自由競争を建前とするGATTの方が主張に有利であったことや，GATTにはWIPOと異なり報復措置のシステムが備わっていたことから，知的財産権保護の問題を1986年に始まるGATTのウルグアイ・ラウンドに持ち込んだ[7]。このGATTウルグアイ・ラウンド交渉により，1995年にWTO協定（世界貿易機関設立に関するマラケシュ協定）が発効された。WTO（世界貿易機関）設立時にはTRIPS協定（Agreement on Trade-Related Aspects of Intellectual Property Rights，知的財産権の貿易関連側面に関する協定）が締結されており，この協定で知的財産権保護に関する新しい国際ルールが設けられた。

TRIPS協定によりWTO加盟国は，合意内容に対応して知的財産権に関する国内法を整備する必要が生じた。この制度整備において先進国は，開発途上国の要請に応じて，必要とされる技術的および資金的な協力を提供することが義

表 9-1　日米知的財産権紛争主要事例（1982 年～ 1993 年）

年	原告	被告	係争対象	結果
1982	IBM	NEC	PC互換機	和解
1984	インテル	住友電工	マイクロプロセッサ著作権	和解
1984	タンドン	三菱電機など3社	光ファイバー特許権	住友電工敗訴
1985	IBM	富士通	両面フロッピーディスク特許権	三菱電機勝訴（他は和解）
1987	NEC	エプソン	PCソフト著作権	1988年米国仲裁委員会（AAA）の仲裁裁定で解決
1991	ジェネンテック	東洋紡	血栓溶解剤（tPA）	大阪地裁がジェネンテックの主張を認める判決
1991	アイオワ州立大学	日本のエレクトロニクス企業数社	PAX符号化技術	
1992	ワング・ラボラトリーズ	日本のエレクトロニクス企業数社	SIMM	
1992	ハネウェル	ミノルタ	自動焦点技術	米国連邦地裁がハネウェルの主張を認める判決　ミノルタが1億2750万ドルを支払うことで和解
1992	ハネウェル	イーストマン・コダック，コニカ，京セラ，キャノン，ニコン，松下電器	自動焦点技術	被告側がハネウェルに1億2410万ドルを支払うことで和解
1992	ハネウェル	オリンパス，旭光学，リコー	自動焦点技術	
1992	ローラル・フェアチャイルド	日本のエレクトロニクス企業数社	CCD	
1992	コーニング	住友電工	光ファイバー	米国の裁判所がコーニングの主張を認める判決　住友電工は2500万ドルを支払うことで和解
1992	シャン・コイル氏	セガ・エンタープライズ	テレビ画面表示技術	米国連邦地裁賠審がセガに3300万ドルの支払いを命ずる判決．（支払額は4300万ドル）
1992	テキサス・インスツルメンツ	シャープ・リコー	キルビー275特許	シャープ，リコーは東芝，NEC，沖電気，松下電器等と同様に特許契約を締結
1992	IBM	京セラ	BIOS	IBMが東京地裁に187億円の損害賠償を求め訴訟

坂井（1994）により作成。

務付けられた。

　このような米国の知的財産権戦略は，企業が生産・販売拠点を海外に移転させて多国籍化し，効率的な企業内分業体制を構築するために，国際的な知的財産権保護の必要性が高まったことで進められた[8]。その中で1980年代後半から多数の日系企業が，米国企業や発明家から権利の侵害で訴えられた（表9-1）[9]。この日米特許摩擦では，米国企業が日系企業を相手に米国裁判所に提訴した特許訴訟で，日本側が敗訴して多額の賠償金支払いを命じられる事態が続いた[10]。

　これとは逆に日本国内では，知的財産権侵害による損害賠償額が低く，権利の保護範囲も狭かったため，日系企業から政府に対して保護強化を求める動きが強まった。さらに，1990年代前半のバブル崩壊後，日系企業の国際競争力回復のため知的財産権保護の重要性に関する認識が社会に定着したことから，1990年代後半には日本でもプロパテント政策がとられるようになった（永田，

2003；橋本，2014）。

　1990年代後半になると米国では知的財産権保護の姿勢がさらに強められて，特許の対象が拡大し，ビジネスの方法も特許の対象として認められるようになった。コンピュータを活用してビジネスを行う方法や，その方法を実施するためのシステムを発明の対象として保護したものはビジネスモデル特許と呼ばれ，1998年に米国で最初に成立した。このビジネスモデル特許には，プライス・ライン社の逆オークション方式の特許や，アマゾン・ドットコム社のネット販売方式の特許が含まれた[11]。

　開発途上国は，当初，TRIPS協定が開発途上国の技術発展を妨げることや，先進国への特許料支払いが開発途上国の負担となっていることを指摘し，WTOに再検討を提案した。しかし，先進国からの投資や技術移転の促進にとって知的財産権の保護が不可欠なものであるとの認識が広まり，ウルグアイ・ラウンド以降，知的財産権に関する国際ルールに関する話し合いを先進国との間で進めた（堀中，2003）。特に1990年代以降におけるアジアの経済成長と先進国企業のアジア展開とを結びつける上で，アジア諸国における知的財産権の保護水準向上と，権利取得や権利行使に係わるコスト引き下げは重要な課題となった（中野，1997；橋本，1999）。

3．主要国の特許出願動向
3-1　特許出願件数の推移

　ここからは主要国における国際的な特許出願の傾向を概観するため，日本，米国，中国，ヨーロッパなどの出願動向を検討する。WIPOのIP Statistics Data Centerのデータベースにより，世界全体の特許の出願件数の推移をみると（図9-5），1985年の特許出願件は921,800件であったのが，2022年には3,457,400件と3.8倍になった。ただし，2009年と2020年には前年より出願件数が減少しており，これは世界金融危機やコロナショックの影響と思われる。

　特許出願における非居住国の出願は，特許協力条約（PCT）やヨーロッパ特許条約（EPC）などにより増加しており，1985年の270,700件から2022年の1,408,100件へと3.9倍になった。しかし，全体に占める非居住者割合は，2007年の40.0％をピークに2022年の30.3％へと低下した。この低下は，中国から

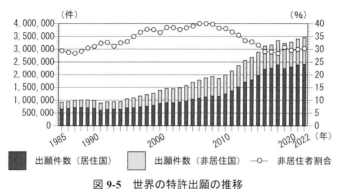

図 9-5　世界の特許出願の推移
WIPO IP Statistics Data Center データベースにより作成。

多数の特許出願があり，その大部分が中国居住者のものであったため，これが世界全体の数値に影響を及ぼしたことによる。

　次に，出願元別に主要国からの特許出願件数をみると（図 9-6），1990 年の日本は 333,234 件の出願があり，世界の中で突出していた。しかし，2022 年までの間に米国の出願件数が大きく増加して，2013 年には日本を上回った。中国では，2008 年 6 月 5 日に国務院から「国家知的財産権戦略要綱」が発表された後に特許出願が急増し（谷山，2010），2012 年には日米両国を抜いて，2022 年には米国の 3.1 倍，日本の 3.9 倍の出願件数となった。

　続いて，出願先別に主要国への特許出願件数をみると（図 9-7），1990 年に日本へは 367,590 件と世界の中で最も多くの特許が出願されていたが，2022 年には 289,530 件に減少し，米国および中国に抜かれて第 3 位となった。1990 年に第 2 位であった米国は，2006 年に日本を抜いて世界第 1 位の特許出願先となったが，2011 年には中国に抜かれた。中国は，2010 年に日本を抜き，2011 年に米国を抜いて世界第 1 位の出願先となってからも出願件数を伸ばし続けた。しかし新型コロナウィルス感染の影響で，2019 年には出願元としても出願先としても出願件数が減少し，これが世界全体の出願件数にも反映された。

　特許庁（2018，2022）により日本，米国，中国，韓国，ヨーロッパの間における特許出願動向をみると[12]，2004 年には，米国を中心とする動きが活発であり，特に日本とヨーロッパから米国へ多くの出願が行われていた（図 9-8）。その一方で，中国への出願は 28,551 件，中国からの出願は 5,087 件と少なかった。

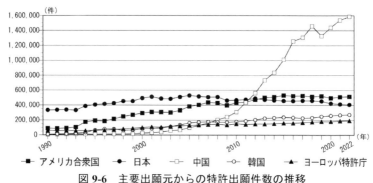

図 9-6 主要出願元からの特許出願件数の推移
WIPO IP Statistics Data Center データベースにより作成。

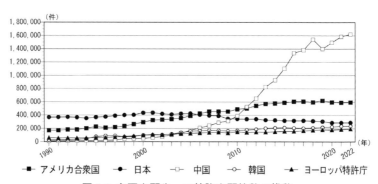

図 9-7 主要出願先への特許出願件数の推移
WIPO IP Statistics Data Center データベースにより作成。

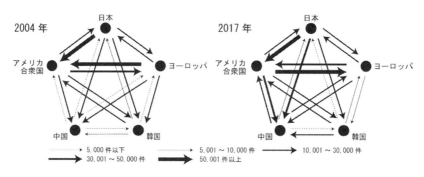

図 9-8 特許出願動向の変化
2004 年と 2017 年は優先権主張年。特許庁（2008，2022）により作成。

それが2017年になると中国への出願は129,633件，中国からの出願は57,607件と大幅に増加し，中国は国際的特許流動の主軸の一つとなった。

3-2 主要国からの技術別特許出願の推移

ここからは主要国の特許出願の技術分野別の特徴を明らかにする。そのため，1990年代（1991～2000年），2000年代（2001～2010年），2010年代（2011年～2020年）の3期間を設定し，期間ごとの技術分野別出願件数をみる（図9-9）。

米国の特許出願で最多だったのは，1990年代には医療機器であったが，

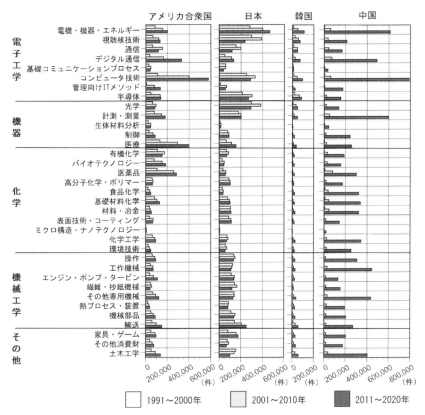

図9-9 主要国に関する出願元ごとの技術別特許出願件数
　　　WIPO IP Statistics Data Centerデータベースにより作成。

2000年と2010年代にはコンピュータ技術が最多となった。このコンピュータ技術，医療機器，デジタル通信の3分野が2010年代には米国の出願全体の28.2%を占めた。

日本の特許出願で最多だったのは，1990年代には視聴核技術であったが，その後は電機・機器・エネルギーとなった。なお，日本では1990年代から光学機器やコンピュータ技術が上位となったが，2000年代以降に出願件数が減少し，これらが全体に占める割合も低下した。

韓国の特許出願で最多だったのは，1990年代には視聴核技術，2000年代には半導体，2010年代には電機・機器・エネルギーであった。韓国ではサムスン電子やLG電子などの成長に伴い半導体や視聴覚技術に関する特許出願が増加したものの（日本貿易振興機構，2013），その後に技術開発分野の多様化が進んだため，これらが出願全体に占める割合は低下した。

中国では，ほとんどの分野で2010年代の特許出願件数の増加が著しく，総数では1990年代の99倍になった。中国で最も多く特許が出願されたのは，1990年代には食品化学であったが，2000年には医薬品となり，2010年代にはコンピュータ技術が最多となった。このコンピュータ技術の全体に占める割合は1990年代の3.6%から2010年代の8.4%へと上昇した。

このように，1990年代には米国では医療機器，日本では視聴核技術と光学機器，韓国では視聴核技術と半導体，中国では食品化学と，特許出願件数の多い分野が国ごとに異なっていた。しかし，2010年度にはIT分野の発展を裏付けるように，コンピュータ技術と電機・機器・エネルギーなどの電子工学分野の特許出願件数が，いずれの国でも多くの割合を占めるようになり，この分野での研究開発競争が激化した。

4．東南アジアの特許出願動向
4-1　東南アジア諸国の特許出願

東南アジア諸国における知的財産権制度の整備は，日本や米国など海外から企業が進出するための重要な条件であった。しかし，先進諸国と比較すると，東南アジア諸国における知的財産権の保護水準は十分な状況ではなく，審査遅延や模倣品の氾濫など，制度の運用体制の脆弱性が問題となっていた（橋

本, 1999)。それが 2000 年 1 月より TRIPS 協定によって保護の履行義務が生じ，東南アジア諸国では欧米や日本を参考に知的財産権制度の整備が進められてきた。それによって，東南アジア諸国に企業が進出し，各自の知的財産権保護のため多くの特許が申請された（橋本，2005）。

東南アジア諸国の特許出願をみると，出願元別の特許出願件数では（図9-10），1995 年にはフィリピンが 169 件，シンガポールが 154 件，マレーシアが 149 件，タイが 148 件と，いずれの国でも出願は少数であった。それが 2022 年にはシンガポールからの出願が 8,599 件と増加し，他国に大きく差を付けた。マレーシアからは 1,760 件，インドネシアからは 1,607 件，タイからは 1,416 件が出願されたが，フィリピンは出願件数が少ないままであり，国家間で出願件数の差が広がった。なお，世界金融危機やコロナショックの影響は，特にシンガポールで大きく，2009 年と 2019 年の出願に減少がみられた。

出願先別の特許出願件数をみると（図 9-11），シンガポールへの出願は 1995 年から 2022 年にかけて 6 倍になり，インドネシア，タイ，フィリピン，マレーシアへの出願も 2 ～ 3 倍になった。しかし，いずれの国でも世界金融危機やコロナショックの影響で，2009 年と 2020 年に出願件数が減少した。なお，低下した年が出願元データでは 2019 年，出願先データでは 2020 年と異なっているが，これは海外への出願においてタイムラグが生じたことによる。また，タイでは，2008 年の空港閉鎖事件や 2010 年の反政府組織によるバンコク中心部占拠事件などの影響でも海外からの出願が減少した。

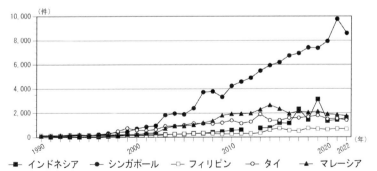

図 9-10　東南アジア諸国の出願元別出願件数
WIPO IP Statistics Data Center データベースにより作成。

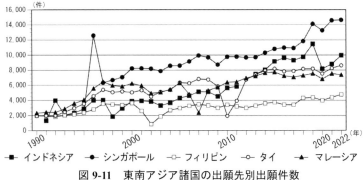

図 9-11　東南アジア諸国の出願先別出願件数
WIPO IP Statistics Data Center データベースにより作成。

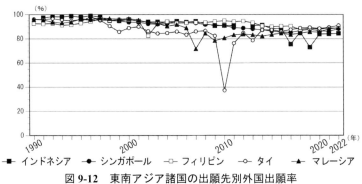

図 9-12　東南アジア諸国の出願先別外国出願率
WIPO IP Statistics Data Center データベースにより作成。

　東南アジアへの特許出願件数に占める外国出願率をみると（図 9-12），外国からの特許の出願割合が高いまま推移した。これは各国が，多国籍企業の特許戦略において重要な地位にある一方で，国内で特許を生み出すほど十分に産業が高度化されていないことを示している。

　東南アジア諸国への特許の出願元をみると（図 9-13），2000 年代には，いずれの国でも米国，日本，ドイツの順で割合が大きかった。それが 2010 年代になるとシンガポール以外では 3 か国の割合が拡大し，インドネシアとタイでは日本が米国を抜いた。また，いずれの国でも中国の割合が大きくなっており，中国の経済発展の影響が東南アジアへの特許出願でも示された（大原ほか，2003；朴，2006，2007）。

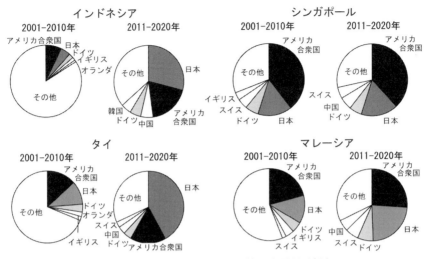

図 9-13　東南アジア諸国への特許出願国別割合
WIPO IP Statistics Data Center データベースにより作成。
フィリピンは 2000 年代のデータがないため省略。

4-2　東南アジア諸国からの技術別特許出願の推移

　東南アジア諸国からの特許出願を技術分野別にみると（図 9-14），シンガポールからの特許出願で 1990 年代と 2000 年代に最も多かったのは半導体であったが，2010 年代にはコンピュータ技術となった。コンピュータ技術も半導体も 1990 年代から 2010 年代にかけて全体に占める割合が低下しており，これはシンガポールで視聴核技術やデジタル通信など電子工学分野を中心に技術開発が多様化したことによる。なお，シンガポールではバイオテクノロジーや医薬品に関する出願件数の増加が続いており（図 9-15），1990 年代と 2010 年代とを比較するとバイオテクノロジーは 22.5 倍，医薬品は 39.5 倍となった。また，全体に占める割合ではバイオテクノロジーが 1990 年代の 3.6％から 2010 年代の 4.2％に，医薬品が 1.9％から 4.0％になり，バイオメディカル研究を推進した成果が現れている。

　フィリピンでは，2000 年代のデータが整っていないため 1990 年代と 2010 年代の特許出願を比較すると，1990 年代には 1 位が有機化学，2 位が医薬品であったが，2010 年代には 1 位が医薬品，2 位が有機化学となった。出願全体に

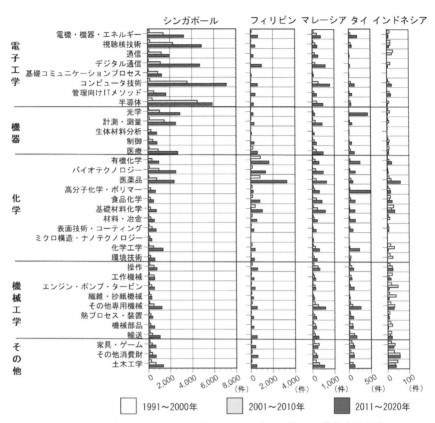

図 9-14 東南アジア諸国に関する出願元ごとの技術別特許出願件数
WIPO IP Statistics Data Center データベースにより作成。

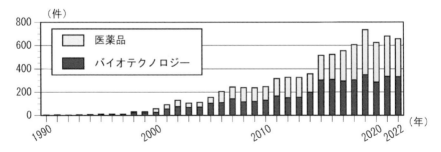

図 9-15 シンガポールを出願元とするバイオメディカル特許出願件数
WIPO IP Statistics Data Center データベースにより作成。

占める割合では医薬品が 19.8％から 16.5％に，有機化学が 20.4％から 8.3％に低下しており，これはフィリピンでバイオテクノロジーや基礎材料など化学を中心に技術開発の多様化が進んだことによる。

マレーシアの特許出願では，1990 年代と 2000 年代には土木工学が最多であったが，2010 年代にはコンピュータ技術が 1 位，医薬品が 2 位となった。全体に占める割合をみると，コンピュータ技術は 1990 年代から 2010 年代にかけて 0.6％から 7.4％，医薬品は 2.5％から 5.8％に増加した。このようにマレーシアでは土木工学や家具・ゲームから電子工学や化学に技術開発の中心がシフトした。

タイの特許出願では，1990 年代には家具・ゲーム，2000 年代には輸送機械，2010 年代には高分子化学が最多であった。2010 年代で 2 位となった光学は，全体に占める割合が 1990 年代の 0.3％から 2010 年代の 9.9％と上昇しており，これは日系光学メーカーのタイ進出による。タイは日系企業の自動車生産拠点となったことで，輸送機械の特許が 2000 年代に 1 位となったが，その後の化学や機器の特許増加により 2010 年代には 7 位に低下し，割合も 2000 年代の 9.2％から 2010 年代の 3.9％となった。

インドネシアの特許出願では，1990 年代には土木工学，2000 年代には消費財，2010 年代には医薬品が最多であった。家具・ゲーム，消費財，土木工学は順位を下げたが，合計して 1990 年代には 23.2％，2010 年代には 24.2％と同程度の割合であった。

このように東南アジアでは，いずれの国でも研究開発の多様化が進み，それが特許出願にも反映されていた。その中で電子工学分野はシンガポール，化学分野はフィリピン，タイ，インドネシアで出願の伸びが著しく，マレーシアは両分野で特許出願が増加した。なお，インドネシア，タイ，マレーシアで家具・ゲームの特許が多く出願されており，これは森林資源の付加価値を高めるための技術開発を進めたことによる（橋本，2005）。

5. 特許出願と GDP との関係

最後に，東南アジア諸国における出願元ごとの特許出願件数と，国内総生産との関係をみる。特許出願件数は 1990 年代，2000 年代，2010 年代の集計値，それに対する国内総生産額は 2000 年，2000 年，2010 年の名目 GDP を用いた。

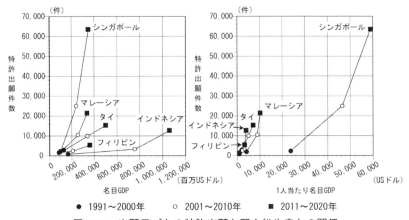

図 9-16　出願元ごとの特許出願と国内総生産との関係
IMF World Economic Outlook Database および WIPO IP Statistics Data Center データベースにより作成。

　GDP と特許出願件数の関係をみると（図 9-16），シンガポールとインドネシアの変化は大きく傾向が異なった。インドネシアでは GDP が大きく増加したが，特許出願件数の増加は小さかった。それに対しシンガポールでは GDP の増加は小さいものの，特許出願件数の増加は大きかった。そのため，2010 年代の GDP ではインドネシアがシンガポールの 3.0 倍であるのに対し，特許出願件数ではシンガポールがインドネシアの 5.0 倍となった。

　次に，1 人当たり GDP と特許出願件数の関係をみると，特許出願件数の多い国ほど 1 人当たり GDP が高い傾向があった。シンガポールはどちらの増加も大きく，インドネシアはどちらの増加も小さかったため，2010 年代の 1 人当たり GDP ではシンガポールはインドネシアの 15.0 倍，特許出願件数では 5.0 倍となった。

　このように，1990 年代からの研究開発の違いが，各国の特許出願の違いに反映された。アジア通貨危機，世界金融危機，コロナショックによって景気が後退する中で研究開発を積極的に進めたシンガポールでは特許出願件数と 1 人当たり GDP が上昇した。それに対して，研究開発に消極的であったインドネシアでは GDP は大きく増加したものの，特許出願件数と 1 人当たり GDP の増加は小さいままであった。なお，マレーシアとタイは中間に位置しており，

1990年代半ばから知識集約型産業の育成を目指したマレーシアの方が，特許出願件数および1人当たりGDPでタイを若干上回った。

6. 知識経済化と特許出願

　世界の特許出願の動向をまとめると図9-17のようになる。1985年半ば以降，米国の知的財産の保護を重視するプロパテント政策が進められ，それに伴って日本やヨーロッパから外国への特許出願が増加し，3極が形成された。次に，1990年代になると，東南アジアに日本や米国の企業が進出し，進出先への特許出願が行われるようになった（橋本，2005）。2000年代には中国と韓国の経済成長により，特許出願が著しく増加して3極体制が5極体制に移行した（橋本，2014）。2010年代には中国の特許出願件数が急激に増加し，5極の中で中国が突出した存在になった。

　この特許出願において，1990年代には米国では医療機器，日本では視聴核技術と光学機器，韓国では視聴核技術と半導体，中国では食品化学と，国ごとに出願件数の多い分野が異なっていたが，2010年代には，いずれの国でも電子工学分野の出願件数が多くの割合を占めた。

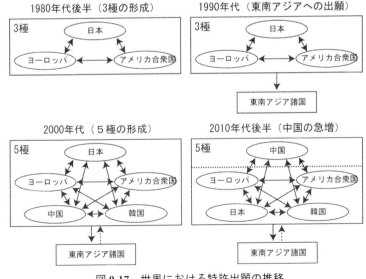

図9-17　世界における特許出願の推移

これらの国と比べて東南アジア諸国の特許出願件数は少ないままであるが，いずれの国でも研究開発の多様化が進み，それが出願に反映された。その中で電子工学分野はシンガポール，化学分野はフィリピン，タイ，インドネシアで出願が伸びており，マレーシアは両分野で出願が増加した。

　2010年代になってシンガポールの特許出願が増加したのは，1990年代から進めたITを中心とした研究開発の成果であり，マレーシアでも同様の傾向がみられた。また，バイオメディカル研究拠点の開発により，この時期にシンガポールでバイオテクノロジーや医薬品の特許出願が増えた。

　アジア諸国の水平的分業は，高付加価値製品を日本が，低付加価値製品を東南アジア諸国が分担する状態から，双方が新製品や高付加価値製品を輸出するという状態に変化しつつあり，その中で各企業により特許戦略が進められてきた（黒瀬，1994）。この状況において，東南アジア諸国は研究開発の重点政策により国内産業の高度化を推進しており，特に1990年代から知識経済化を進めたシンガポールやマレーシアは，近年，高度化を目指す産業の多角化をはかり，高付加価値製品の生産体制構築を模索してきた。世界金融危機やコロナショックによる一時的な経済成長の停滞があっても，特許出願を増加させることができたのは，その成果と考えられる。

注
1) パリ条約は，産業財産権について「内外人平等の原則」，「特許独立の原則」，「優先権の原則」を定めた。「内外人平等の原則」とは，同盟国民は，保護を必要とする他の同盟国でも，当該国の国民と同様に産業財産権の享有を認められる制度である。また，「特許独立の原則」とは，ある同盟国に出願された特許は，本国の特許と従属的な関係になく，独立に取り扱われる制度である。さらに，「優先権の原則」とは，同盟国の一つに出願した後，一定の期間内に他の同盟国に出願した場合には，最初に出願したのと，ほぼ同様の利益が与えられる制度である。なお，パリ条約は単一の条約ではなく，複数の条約の総称である（清水，1994；工業所有権法研究グループ編，1998；橋本，1999）。
2) 特許協力条約は，方式統一条約としての性質をもち，国家を越えた特許権を認めるものではない。
3) 特許協力条約の加盟国は1985年には39か国であったが，2023年3月15日にはモーリシャスが加盟して157か国となった。
4) EPCは，締約国における発明の保護を容易かつ安価なものとすることを目的としている。EPC加盟国は2024年6月の時点で，アルバニア，オーストリア，ベルギー，ブルガリア，スイス，キプロス，チェコ，ドイツ，デンマーク，エストニア，スペイン，フィンランド，

フランス，イギリス，ギリシャ，クロアチア，ハンガリー，アイルランド，アイスランド，イタリア，リヒテンシュタイン，リトアニア，ルクセンブルグ，ラトビア，モナコ，モンテネグロ，マケドニア，マルタ，オランダ，ノルウェー，ポーランド，ポルトガル，ルーマニア，セルビア，スウェーデン，スロベニア，スロバキア，サンマリノ，トルコの39カ国であり，ボスニア・ヘルツェゴビナが締結拡張国となった。

5) 1980年にはバイ・ドール法（1980年特許商標法修正法）が成立した。それまでは米国政府の資金で大学が研究開発を行った場合，特許権は米国政府のものだったが，バイ・ドール法成立後には特許権を大学側や研究所に帰属させることが可能となった（ケネラー，2003）。この法律の成立により，大学などでは技術移転機関（TLO）が組織され，研究成果の特許化や，大学と企業との間の技術移転などを行うことができるようになった（橋本，2005）。

6) 商法301条は，米国の通商に不利益を与えている外国の不公正な慣行について，調査および当該国との協議を行い，必要があれば対抗措置を取り得るという規定である。包括貿易法により改正された301条では，対抗措置発動の権限が大統領からUSTR（米国通商代表）に移され，調査は開始から18か月以内に完了することなどが規定された。また，スーパー301条および知的財産権に関するスペシャル301条の規定にも対抗措置が盛り込まれた。個別案件ごとの提訴によって調査が開始される通常の301条と異なり，スーパー301条およびスペシャル301条では，USTRの報告書にもとづいて優先国を決定し調査が開始されるため，相手国の不公正慣行を包括的に調査して対抗措置を講じることが可能となった（特許庁編，1995）。日本は，知的財産権の分野で1989年よりスペシャル301条の監視国に，1994年からは優先監視国に認定された。

7) GATTは1948年に発足し，関税その他の貿易障害の実質的軽減や，国際通商における差別待遇の廃止を任務としている。また，GATTの条文の中には，知的財産権を侵害する物品を国内市場から排除することが認められている。

8) 1997年4月に発表された米国特許戦略計画書（Patent Strategic Plan）において，米国特許商標庁は，21世紀に世界で通じる特許出願審査の信頼性維持のため，ひいては米国経済活動の活性化と世界経済のリーダーシップを継続していくために，(1)ウルグアイ・ラウンドでの法改正に伴い，特許ビジネス部門の特許審査期間を1年以内にすること，(2)審査の信頼性向上のために産業部門を6つの技術部門に分割すること，(3)電子出願・電子公開を推進していくこと，(4)柔軟な体制を整え顧客のニーズに対応すること，(5)出願コスト分析による料金体系を見直し，サービスの向上をはかることの5項目を目標として設定した。この計画書では，米国企業が今後も競争力を持ち続けるためには，世界各国で知的財産権保護の保証がなされなければならず，米国特許商標庁が，全世界共通の特許保護基準を設定する必要が述べられた。

9) たとえば，1992年にミノルタカメラは，自動焦点（AF）技術をめぐる訴訟において，米国の大手計測機器メーカーであるハネウェルに約166億円の和解金を払うことで基本合意した。本訴訟は，ミノルタが売上の10%強という多額な和解金を支払った点や，カメラ製造を行っていない企業が特許侵害訴訟を提起したという点で注目された（小林編，1994）。

10) 1990年代に日米間で，この種の紛争が激化した背景として，(1)主要国では米国のみが

先発明主義を採用していること，(2) 米国では特許登録の前に出願内容を公開しないため，これから出願する特許が，審査中の別特許の権利侵害にあたる危険性を回避できないこと，(3) 米国では出願日からの特許期間の制限がないため，任意の技術が長期間の潜伏期間を経てから特許となって浮上し（サブマリン特許），莫大なライセンス料の支払いを余儀なくされる場合があること，(4) 特許紛争など専門的訴訟の審理を一般市民が担当する陪審制度を採用していること，(5) 水際措置を採用していること，(6) 米国では物品製造を行わなくなった企業や個人発明家が特許権者である場合が多くクロスライセンス交渉が困難なことなど，知的財産権制度や司法制度の相違といった構造的要因がある（村上，1990）。特に，先発明主義は米国独特のものであり，紛争が起こったときの手続きや解釈でも発明者保護がはかられる傾向が強い（落合，1993）。なお，米国では1994年の特許法改正で出願日からの特許期間が20年間とされ，1999年の特許法改正で最先の出願日から18か月で原則として出願公開することが決められたため，日本やヨーロッパの基準に近いものとなった。なお，米国は2006年9月にジュネーブで開催された「特許制度調和に関する先進国会合」で日本，ヨーロッパ諸国など41か国と共に先願主義方式を採用することに同意し，2011年9月に米国上院で先発明制度から先願制度への変更を含む特許法改正案が可決され，2013年3月に施行された。このように1980年代後半以降，問題となっていた知的財産権に関する先進国間の溝は縮小し，各国制度は調和する方向へと進んだ（関下，1996）。

11) 日本でも2000年10月に特許庁がビジネスモデル特許についての審査基準を発表した。
12) このデータは，特許庁がWPI（Derwent World Patent Index）を用いて集計したものである。このWPIは，日米欧中韓の国・機関が発行した公開特許公報について，1発明を1レコードとしてまとめるという方法で収録率が良く，日米欧中韓における特許出願の調査に適している。なお，ここで集計したのは，優先権主張年2004年と2017年の特許出願である。この調査でいうヨーロッパへの出願とは，オーストリア，ベルギー，スイス，チェコ，ドイツ，デンマーク，スペイン，フィンランド，フランス，イギリス，ハンガリー，アイルランド，イタリア，ルクセンブルク，オランダ，ノルウェー，ポルトガル，ルーマニア，スウェーデン，スロバキアへの出願およびEPC出願である。また，ヨーロッパ国籍の出願とは，最先の優先権主張の基礎となった特許出願の出願先国がアルバニア，オーストリア，ベルギー，ブルガリア，クロアチア，キプロス，チェコ，デンマーク，エストニア，フィンランド，フランス，ドイツ，ギリシャ，ハンガリー，アイスランド，アイルランド，イタリア，ラトビア，リヒテンシュタイン，リトアニア，ルクセンブルク，マルタ，モナコ，オランダ，ノルウェー，ポーランド，ポルトガル，ルーマニア，サンマリノ，セルビア，スロバキア，スロベニア，スペイン，スウェーデン，スイス，マケドニア旧ユーゴスラビア，トルコ，イギリス，およびEPC出願である。

参考文献

生田・名越法律特許事務所編（1998）:『知的財産権がわかる事典』日本実業出版社．
大原盛樹, 田 豊倫, 林 泓(2003)：中国企業の海外進出－海爾の米国展開と重慶二輪車メーカーのベトナム投資－．大原盛樹編『中国の台頭とアジア諸国の機械関連産業－新たなビジネスチャンスと分業再編への対応－』日本貿易振興会アジア経済研究所，53-87.

落合浩太郎（1993）:『改訂　日米経済摩擦－全体像を求めて－』慶応義塾大学出版会.
黒瀬雅志（1994）:『アジア知的財産戦略　激変する各国制度への対応』ダイヤモンド社.
ケネラー, R.（2003）: 産学連携制度の日米比較. 後藤　晃, 長岡貞男:『知的財産制度とイノベーション』東京大学出版会, 51-99.
工業所有権法研究グループ編（1998）:『知っておきたい特許法（九訂版）』大蔵省印刷局.
小林秀之編（1994）:『日米知的財産訴訟』弘文堂.
坂井昭夫（1994）:『日米ハイテク摩擦と知的財産権』有斐閣.
清水幸雄（1994）:『はじめて学ぶ知的所有権法　第 2 版』三嶺書房.
関下　稔（1996）:『競争力強化と対日通商戦略　世紀末アメリカの苦悩と再生』青木書店.
瀬戸岡紘（2003）: アメリカの貿易と投資. 板垣文夫, 岩田勝雄, 瀬戸岡紘編:『グローバル時代の貿易と投資』桜井書店, 147-165.
千野直邦・尾中晋子（1989）:『新訂版　著作権法の解説』一橋出版.
谷山稔男（2010）: 中国知的財産制度における最新状況. 特許研究, 50, 67-72.
特許庁（2008）:『平成 20 年度　特許出願動向調査　マクロ調査（要約版）』特許庁.
特許庁（2022）:『令和 3 年度　特許出願動向調査報告書（概要）－マクロ調査－』特許庁.
特許庁編（1995）:『工業所有権この 10 年の歩み』発明協会.
永田晃也（2003）: 日本企業における知的財産部門の組織構造と特許戦略. 後藤　晃, 長岡貞男:『知的財産制度とイノベーション』東京大学出版会, 197-223.
中野　潔（1997）:『知的財産権ビジネス戦略』オーム社.
名和小太郎（1993）:『知的財産権　ハイテクとビジネスに揺れる制度』日本経済新聞社.
日本貿易振興機構（2013）:『韓国企業の技術動向調査（サムスン電子, LG 電子編）』日本貿易振興機構.
朴倧玄（2006）:『韓日企業のアジア進出からみたアジアの国際的都市システム－企業内ネットワークの空間構造』古今書院.
朴倧玄（2007）: 韓国企業のベトナム進出から見た都市・企業ネットワーク. 国際東アジア研究センター「東アジアへの視点」, 29-40.
橋本雄一（1999）: 多国籍企業の展開に伴う知的所有権制度の整備－マレーシアの事例－. 北海道大学文学部紀要, 98, 73-162.
橋本雄一（2005）:『マレーシアの経済発展とアジア通貨危機』古今書院.
橋本雄一（2014）:『東南アジアの経済発展と世界金融危機』古今書院.
馬場錬成編（1998）:『やさしい知的所有権のはなし』法学書院.
堀中　浩（2003）: 貿易・投資システムの歴史と現代－グローバリゼーションの史的構造－. 板垣文夫, 岩田勝雄, 瀬戸岡紘編:『グローバル時代の貿易と投資』桜井書店, 17-33.
村上政博（1990）:『特許・ライセンスの日米比較　第二版』弘文堂.

第10章

おわりに

1. 資本と生産・貿易

　本書は，国レベルの動向（政策決定，インフラ整備など）を中心とし，それより上位にある世界レベルの動向（資本の流動，多国籍企業の展開，経済的な危機の進展など）や，下位にある地域レベルの動向（産業集積やクラスター形成など）を併せて東南アジア経済の変化を明らかにした。さらに，経済のグローバル化が進展する中で発生した1990年代後半のアジア通貨危機，2000年代後半の世界金融危機，2020年代初頭のコロナショックの経済的影響という3つの経済的な危機が東南アジア経済に与えた影響の解明を試みた。

　本書の第2章ではマレー半島の歴史を概観した後，マレーシアにおける政策と経済成長を概観した。第3章では1990年代後半に発生したアジア通貨危機を取り上げ，タイで発生した通貨危機が他の国へ伝染した要因を解説した。第4章では2000年代後半に米国を震源地として世界中に広まった金融危機を取り上げ，東南アジア経済へ影響が及んだ経緯を述べた。第5章では2020年代初頭に発生したコロナショックを取り上げ，新型コロナウィルス感染拡大と東南アジア経済悪化との関係について説明した。第6章では天然ゴムとパームオイルを事例に一次産品の生産と輸出を概観し，近年の価格高騰が東南アジア諸国の産業に与えた影響ついて検討した。第7章では経済成長を支えるインフラとして港湾を取り上げ，東南アジア諸国で複数のハブ港が整備される状況と港湾周辺の地域開発について解説した。第8章では経済的な危機が繰り返し発生する中で進められた知識経済化の流れを政策と関連させて説明した。第9章では国際的な知的財産権制度が整備される中で東南アジア諸国が進めた知識経済化の成果を特許出願に注目して考察した。

　これまでの結果をまとめ，東南アジアの資本および生産・貿易を世界レベル，

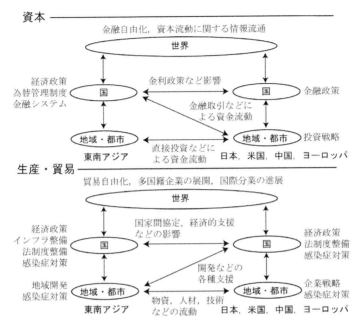

図 10-1 資本および生産・貿易における世界・国・地域の関係
図中の矢印は影響する方向を示している。

国レベル，地域・都市レベルで模式化したのが図 10-1 である．まず，資本に関しては，金融自由化や資本流動に関する情報流通など世界レベルの要素が全体に対して重要であった．また，日本・米国・中国などの国レベルでの金融政策や，地域・都市レベルでの企業や個人の投資戦略が，東南アジア諸国における経済政策，為替管理制度，金融システムなどに対して大きな影響を与えていた．これは，先進国を中心とした企業や投資家による，脆弱だった東南アジア諸国の金融システムに対する行動が，アジア通貨危機を引き起こしたことから理解できる．

次に，生産・貿易などに関しては，貿易自由化や国際分業化などの世界レベルの要素が重要であった．また，日本・米国・中国など国レベルでの経済政策や法制度，地域・都市レベルでの企業戦略などが，東南アジア諸国の経済政策，インフラ整備，知的財産権保護に関する法制度整備に与えた影響も大きかった．1980 年代半ばからの東南アジア諸国の高度経済成長や，3 つの経済的な危機に

よる経済の悪化は，これら要素によって引き起こされたものであった。

　東南アジア諸国における生産や貿易は，資本の流れの影響を強く受けており，外資の流入が著しい時に生産や貿易は良好であったが，外貨が流出した時には実体経済が急速に悪化した。このように，グローバルな資本の流れが，東南アジア諸国の経済発展や企業立地に影響し，それに対応して各国では様々な政策が打ち出された。また，近年に起こったコロナショックのように，経済政策だけではなく，国民の健康を守るための感染対策が重要になる場合もあった。その際には，生産や物流などの経済活動を維持する政策と，新型コロナウィルスの感染拡大を防ぐための政策とのバランスが国ごとに異なり，それがコロナショック後の東南アジア諸国における実体経済の違いとなっていた。

2. 経済的危機のモデル

　本書で解説したアジア通貨危機，世界経済危機，コロナショックに関する一連の動きをモデル化すると図10-2から図10-4のようになる。

　1985年のプラザ合意以降，東南アジア諸国では外国資本に対する大幅な規制緩和と有利なインセンティブの提供により輸出指向型工業化が進められ，それによって流入した大量の資本が高度経済成長をもたらした。しかし，投資が過剰になると，生産過剰と投資効率悪化により国際競争力が低下した。また，この過剰投資は，不動産や株式の資産価格を高騰させてバブル経済を引き起こした。バブルが崩壊すると，外資の大量かつ急激な流出により通貨と株価などが暴落し，アジア通貨危機が生起した（図10-2）。

　その後，アジアから流出した国際マネーは，米国の住宅バブルを引き起こした。しかし，過剰投資によりバブルは崩壊し，その後で世界的な金融不安が生じて，世界金融危機が発生した（図10-3）。これにより先進国の消費が減少したことで，東南アジア諸国では先進国への輸出が減少し，経済活動が悪化した。また，企業や投資家が海外からの資金引き揚げを行ったため，東南アジア諸国からの資本流出が起こり通貨価値が下落した。これらの要素が経済を悪化させる方向で循環したため，東南アジア諸国では主に実体経済に対して金融危機の影響がみられた。

　世界金融危機から脱すると世界経済は比較的順調に推移し，その間に国際的な

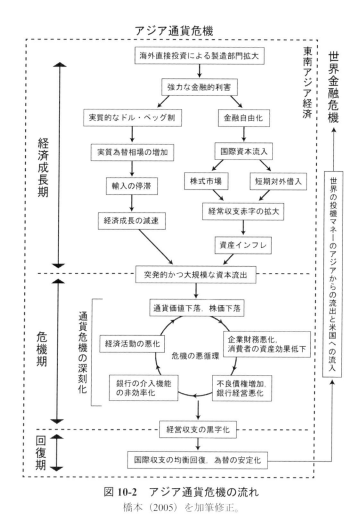

図 10-2　アジア通貨危機の流れ
橋本（2005）を加筆修正。

分業ネットワークが強化されて，人や物の移動が活発化した。また，都市における機能集積によって人口が集中し，交流の機会が増えた。このような状況において，新型コロナウィルスの感染拡大によるコロナショックが発生した（図 10-4）。

　コロナショックは，それ以前に発生したアジア通貨危機や世界金融危機とは異なるものであった。アジア通貨危機も世界金融危機も，金融システムの問題が世界中に拡大したことによる需要側の事情で発生したものであり，供給側の

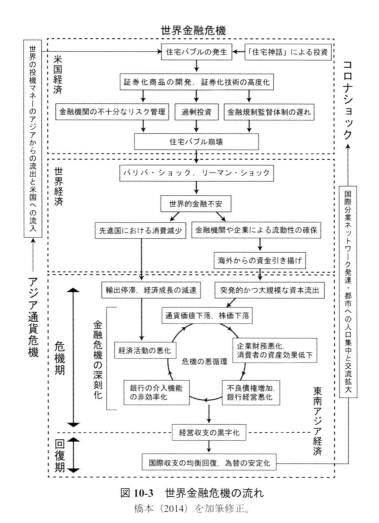

図 10-3　世界金融危機の流れ
橋本（2014）を加筆修正．

生産能力に問題が生じたわけではなかった．しかし，2020年から深刻化した新型コロナウィルス感染症の拡大は，需要側だけでなく供給側にも多大な影響をもたらした．感染が拡大すると，その感染対策として人的交流が厳しく制限され，それによって工場の操業が停止したことで，国際的物流チェーンにおいてボトルネックが発生した．加えて需要側でも対面接触を避けるために外出が規制されたことで，サービス消費などに影響が生じ，耐久消費財の購入意欲が

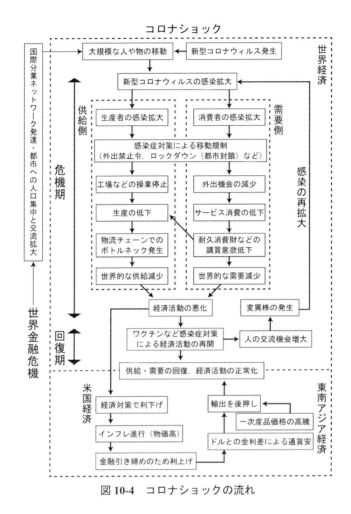

図 10-4　コロナショックの流れ

減退した。コロナショックは，供給と需要の両方が原因となって経済が悪化したものであり，アジア通貨危機や世界金融危機よりも深刻な経済危機になった。

3. 災害としての経済的危機

　これまでに述べたように，アジア通貨危機では，任意の国において通貨の持つ対外的価値が急激に下落し，資本流出が起こって経済活動が悪化した。また，世界金融危機では，金融不安の増大で信用収縮が起こり，経済が危機的状況に

陥った。コロナショックと呼ばれる経済危機では，供給と需要の両方に問題が生じて経済が悪化した。これら3つの危機が，ほぼ10年ごとに東南アジア諸国を襲い，その度に各国は経済回復などに向けた緊急の対応を迫られてきた。

地震や津波などの自然現象が原因ではないものの，人為的な原因で大きな経済的被害が生じ，社会生活を営む上で国の大規模な支援が必要となったことから，これらの経済的な危機を災害（Disaster）とみなすことができる[1]。

Wisner et al. (2003) によると，災害のリスク（Risk, 危険）はハザード（Hazard, 加害力）とヴァルネラビリティ（Vulnerability, 社会的脆弱性）の接点で起きるものとされる（図10-5）。リスクは経済被害や人的被害などであり，ハザードは被害を生じさせる原因（災害誘因）となった地震，洪水，津波などである。また，ヴァルネラビリティは堤防建設や建物の耐震化などハード面での不備だけでなく，被害想定の過小評価や避難訓練不足などソフト面の不備も該当する。

この災害リスクの考え方を3つの経済的な危機に当てはめて経済災害（Economic Disaster）として考えると（表10-1），アジア通貨危機の場合，リスクは各国の経済的被害であり，ハザードは為替レート切下げのための国際投機筋による大規模な通貨攻撃であった。また，ヴァルネラビリティとしてはドルペッグ制を採用した金融システムの問題が大きかった。

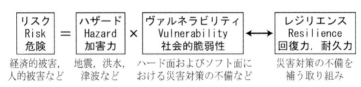

図10-5　災害リスクの考え方
Wisner et al. (2003) および Pelling (2003) により作成。

表10-1　災害リスクの考え方による経済的危機

危機	リスク	ハザード	ヴァルネラビリティ	レジリエンス
アジア通貨危機	経済的被害（3章）	為替レート切下げのための国際投機筋による大規模な通貨攻撃など（3章）	ドルペッグ制による金融システムの問題など（3章）	以前の危機を教訓とした金融システムの改良，外貨準備高の積み増し，一次産品輸出（6章），港湾インフラ整備（7章），知識経済化にむけた地域開発（8章）や知的財産権の蓄積（9章）など
世界金融危機	経済的被害（4章）	米国の不動産バブル崩壊に端を発した世界的な金融不安と信用収縮など（4章）	金融システムの問題，リスクの過小評価，輸出重視の経済構造など（4章）	
コロナショック	人的被害，経済的被害（5章）	新型コロナウィルスの感染拡大など（5章）	ワクチンや治療方法の開発など感染対策の遅れなど（5章）	

括弧内は本書で該当する章。

世界金融危機の場合，リスクは各国の経済的被害であり，ハザードは米国の不動産バブル崩壊に端を発した世界的な金融不安と信用収縮であった。また，ヴァルネラビリティは，欧米や日本の立場ではリスクの過小評価であり，東南アジア諸国の立場では輸出重視の経済構造から抜け出ていないことであった。

　コロナショックの場合，リスクは各国の経済的被害と人的被害（特に健康被害）であり，ハザードは新型コロナウィルスの急速な感染拡大であった。また，ヴァルネラビリティとしては，ワクチンや治療方法の開発など感染対策の遅れが大きかった。

　リスクを軽減させるためにはヴァルネラビリティを克服する必要があり，そのためにはレジリエンス（Resilience：回復力，耐久力）を高める必要がある[2]（Pelling, 2003）。3つの危機を経験した際に，東南アジア諸国で経済回復の助けとなったレジリエンスは，以前の危機を教訓とした金融システムの改良や外貨準備高の積み増しに加えて，保有する資源を活用した一次産品輸出，貿易拡大のための港湾インフラ整備，知識経済化にむけた地域開発や知的財産権の蓄積などであった。

　第6章で扱った一次産品は，東南アジア諸国にとって重要な収入源となった。経済的な危機が発生しても，自国資本比率の高い一次産品関係の産業はダメージが少なく，比較的安定した国債競争力を有していた。そのため，危機で工業製品輸出の伸びが鈍った際には，一次産品の輸出は経済回復に貢献した。世界金融危機やコロナショックで株式市場が暴落した後，原油先物取引市場に流入した国際マネーによって原油価格が上昇し，それに連動してガソリンの代替エネルギーであるバイオディーゼル原料であるパームオイルの需要が増えて，輸出額が増加した。また，原油から作られる合成ゴムの競合品として天然ゴムの価格も上昇し，輸出額に占める割合が大きくなった。さらに，世界金融危機やコロナショックの後には，投資家が実需重視の姿勢をとったため，同時期に様々な一次産品の価格が上昇し，生産量や輸出量が増加して，経済的な危機が発生する度に回復を支えた。

　第7章で扱った港湾インフラは，原材料や製品の輸出入に直接関わり，産業高度化にとって重要な役割を果たすことから，東南アジア諸国で大規模な整備が進められてきた。これまでシンガポール港は，コンテナ取扱量で他の港湾に

大きな差をつけ，東南アジアで最大のハブ港として機能してきた。しかし，マレーシアでクラン港やタンジュンペラパス港の整備が急速に進められ，これらはシンガポールに次ぐハブ港に成長した。また，マレーシア南部のイスカンダル開発地域では，シンガポールと連携して港湾機能および関連機能の拡充が行われ，港湾を中心にした経済成長の新たな拠点が整備されつつあった。このように東南アジアでは，製造業の集積とともに港湾整備による物流の活発化が継続的に行われ，それは製造業を中心とした経済回復を迅速なものとした。

第8章で扱った知的クラスターの形成は，危機に対する強靱さを養おうとする東南アジア諸国の知識経済化への動きによるものであった。たとえばシンガポールは，東南アジアで早期にIT産業を中心とする知的クラスター形成を目指し，さらにアジア通貨危機後には経済的抵抗力を高めるためバイオメディカル分野でも知的クラスター形成を進めた。この政策によりシンガポールには大手製薬会社などが進出し，医薬品の好調な輸出が危機後の経済成長に繋がった。マレーシアは，アジア通貨危機で外資に依存しすぎる経済構造の問題が明らかとなってから，内発的発展と産業高度化を課題として知的クラスターを形成し，労働集約型の産業構造を知識集約型にシフトさせること目指した。また，資源保有国という特色を活かして資源活用型産業の分野でも知識経済化を進めていた。

第9章で扱った特許の出願数の増加は，東南アジア諸国にとって知識経済化の成果であった。2000年以降，日本，米国，ヨーロッパ，韓国，中国による特許出願の5極体制が構築される中，東南アジアではシンガポールを筆頭に特許出願を増加させつつあった。シンガポールの特許出願は，1990年代に進めたITを中心としたクラスター形成の成果であり，マレーシアでも同様の傾向がみられた。また，シンガポールではバイオ，医薬，医療機器の特許出願も増えていた。このように東南アジア諸国では，得意とする産業分野での特許出願という形で知識経済化を目指す動きがみられ，危機に耐える経済の強靱さを養おうとする姿勢がうかがえた。

以上のように東南アジアでは，リスクを深刻化させるヴァルネラビリティを克服するため，レジリエンスを強化する動きがみられた。今後，東南アジア諸国は，時間とともに変化するハザードやヴァルネラビリティを正確に把握し，それに対するレジリエンスを強化して，リスクを最小限にする努力が継続的に

必要となる。

　なお東南アジア諸国は，それぞれ異なる問題を抱えている。マレーシアは政府主導の開発から民間主導の開発に切り替えての成長戦略が上手くいかず，コスト面での競争力が弱体化し成長が停滞する「中進国の罠」に陥っている可能性がある（熊谷・中村，2023）。また，インドネシアではインフラ投資が遅れたこと（佐藤，2011），経済成長において資源への依存が大きかったこと，国内産業の脆弱性を克服できていないことなどが関係して，経済成長が鈍化する危険を有している。さらに，経済グローバル化の過程で，国という空間における経済活動と，任意の国籍の人および企業による経済活動が一致しなくなる状況も発生している（熊谷，2002）。

　このように様々な問題を内包し複雑化する環境の中で，東南アジア諸国では，経済災害と呼ぶべき危機の発生に備えてリスク，ハザード，ヴァルネラビリティを把握し，それに対応させてレジリエンスを検討して，危機管理と経済発展とのバランスを考えることが重要である。

　本書は，アジア通貨危機，世界金融危機，コロナショックを個別の危機として把握した。しかし，これらは一連の経済な動きの中で連携して発生した可能性がある。たとえば，米国で住宅バブルを引き起こした資金の一部は，アジア通貨危機で国外に流出したものであった。また，世界金融危機を乗り越えて東南アジア経済が比較的順調に推移する間に，国際的な分業ネットワークが強化され，都市への人口集中が進んだことが，コロナショックの影響を深刻にした。このように前に発生した危機が後の危機と関係している可能性があるため，リスク，ハザード，ヴァルネラビリティ，レジリエンスについても長期的な流れの中で，連続性を考慮した理解が必要となると考えられる。

　また，本書では，主に国を中心とした考察を行ってきたが，危機の影響や対応については，さらに狭い範囲や広い範囲と重ね合わせて，マルチスケールで考える必要がある[3]。世界，国，地域・都市など異なるスケールでリスク，ハザード，ヴァルネラビリティ，レジリエンスを明らかにし，スケール間の関係について考察することで，危機管理と経済発展とのバランスを詳細に論じることができると思われる。

注

1) 日本の災害対策基本法（昭和 36 年 11 月 15 日法律第 223 号，最終改正：平成 12 年 5 月 31 日法律第九九号）によれば，災害とは「暴風，豪雨，豪雪，洪水，高潮，地震，津波，噴火その他の異常な自然現象又は大規模な火事若しくは爆発その他その及ぼす被害の程度においてこれらに類する政令で定める原因により生ずる被害」を指す。災害には自然災害と人的災害があり，自然災害には地震，津波，洪水，土砂崩れ，火山の噴火，伝染病などが，人的災害には原発事故，戦争，テロなどが含まれる。本書では，人為的な原因により社会生活を営む上で国の支援が必要となる程度の大規模な経済的被害が生じたことから，3つの経済的な危機を災害として扱うことができると考える。
2) もともとレジリエンス（resilience）という語は，物理学において「外力による歪み」であるストレス（stress）を「跳ね返す力」として用いられてきた。それが，心理学では自己に不利な状況に対する自発的治癒力，災害では災害による被害や損害を防ぐ力もしくは復興する力を示すようになった（Nelson et al., 2007）。
3) 外枦保（2024）は，進化経済地理学の動向を整理する上で，経路創造と並んで地域レジリエンスに注目している。この地域レジリエンスは，危機からの地域的な回復過程を考察する視点として有効であるものの，マルチスケールでの研究枠組みが必要であることを当該研究は指摘している。また，Evenhuis（2017）でも多国籍企業の戦略，国家や EU などの政策などマクロレベルでの動向を考慮してマルチスケールで地域レジリエンスを検討する必要性を述べている。本書で扱ったリスク，ハザード，ヴァルネラビリティに関しても，マルチスケールで考えることが重要である。

参考文献

熊谷　聡（2002）：中国と日本，アジアの貿易補完関係．財務省財務総合政策研究所編：『アジアの新たなる経済展望』財務省財務総合政策研究所，105-139.

熊谷　聡，中村正志（2023）：『マレーシアに学ぶ経済発展戦略「中所得国の罠」を克服するヒント』作品社.

佐藤百合（2011）：『経済大国インドネシア』中央公論新社.

外枦保大介（2024）：地域レジリエンスと経路創造の進化経済地理学－立地調整論の拡張へ向けて－．地理学評論，97(5)，283-308.

橋本雄一（2005）：『マレーシアの経済発展とアジア通貨危機』古今書院.

橋本雄一（2014）：『東南アジアの経済発展と世界金融危機』古今書院.

Evenhuis, E. (2017): New directions in researching regional economic resilience and adaptation. *Geography Compass,* 11(11), e12333.

Nelson, D.R., Adger, W.N. and Brown, K. (2007): Adaptation to environmental change: contributions of a resilience framework. *Annual Review of Environment and Resources,* 32, 395-419.

Pelling, M. (2003): *The Vulnerability of Cities: Natural Disasters and Social Resilience*. Earthscan.

Wisner, B., Blaikie, P., Canon, T. and Davis, I. (2003): *At Risk: Natural Hazards, People's Vulnerability and Disasters*. Routledge.

索引

0-9
2MP　17
5MP　17
6MP　23
7MP　23, 123, 136
8MP　123, 136
9MP　113, 123, 138
10MP　138
11MP　139
12MP　139

A-Z
A*STAR　131
ABS　66
AIG　67
ASEAN5　121
Avoidable Further Loss　99
BDF　69, 106
BIBF　39
Biopolis　132
BMRC　141
BMSイニシアティブ　132
BNPパリバ　70
BoGs　137
BPO　119
Bumiputera Policy　17
CCSA　94
CDO　66
CDRC　54
CDS　67
CMCO　95
COVID-19問題解決センター　94
Disaster　172
ECB　70

Economic Disaster　172
EDB　141
Edu City　140
EMCO　95
EPC　144
EPO　144
EPPs　139
ETP　138
FELDA　104
FF　97
FFA　103
FHLMC　65
Flying Geese Model　2
FNMA　65
FOB価格　109
FOMC　97
FRB　63, 97
FTZ　18
Fusionopolis　132
G5　38
GATT　148
GDP　15, 100
GNI　85, 100
GNMA　65
GSE　65
GT　21
GTP　138
Hazard　172
HICOM　18
IDR　126, 140
IHR　86
IMF　42
IMP　20, 105, 108
IMP2　25

IMP3　113, 138
Inevitable Job Loss　99
IP Statistics Data Center　150
IPO　21
IRDA　126, 139
IT バブル　63
JS-SEZ　127
KLCC　137
KLIA　25, 137
KLIA エクスプレス　32
KL セントラル駅　32
KL モノレール　32
Krugman, P.　56, 98
K- エコノミー　136
LMW　18
MADANI　139
Manufacturing++　25
MCO　95
MD　138
MDC　25
MDEC　138
MSC　24, 136
MSC10 の公約　137
MSC 計画　137
MSC ステータス　137
NDP　23, 135
NEM　138
NEP　17
NIMP2030　139
NMRC　141
NRP　54
NSTB　131
NSTP　131
NTP　131
NVP　135
OFW　120
OHQ　21
OPP　17
OPP2　23, 123
OPP3　135

OxCGRT　87
Parameswara　11
PCT　144
PHEIC　86
PIA　20
POIC　138
Porter, M.　4
Privatization　18
Product Cycle Theory　2
Proton　18
PTP　124
P- エコノミー　136
Resilience　173
RIE　134
Risk　172
RMB　66
RMCO　95
RSS　109
S&P　66
SPV2030　139
Taper Tantrum　100
TEU　122
TLO　163
TRIPS 協定　148
Vision2020　23
Vulnerability　172
WHO　86
WIPO　145
WTI　79
WTO　148

あ行
アジア海賊対策地域協力協定　128
アジア通貨危機　42, 168
アッセンブリー企業　31
アブドゥル・ラーマン　15
アブドゥル・ラザク　17
アンカー企業　5
アンカーパーソン　5
アンボイナ　30

アンワル・イブラヒム　139
イギリス　13
イスカンダル・プテリ　140
イスカンダル開発地域　126, 140
イスカンダル計画　126, 139
イスカンダル地域開発庁　126, 139
インド人　15
ヴァルネラビリティ　172
売り投機　56
ウルグアイ・ラウンド　148
英蘭条約　13
エクイティ　66
エステート　103
円高　38
エントリー・ポイント・プロジェクト　139
オイルパーム　103
オックスフォードCovid-19政府対応トラッカー　87
オミクロン株　86
オランダ　11

か行

外貨買い　56
外貨準備高　76
海峡植民地　13
海賊情報センター　128
回避可能な失業　99
外部信用補完　65
格付け機関　66
貸し渋り　68
華人　14
活動制限令　95
空売り　41
為替相場　97
雁行形態論　2
感染症　86
管理フロート制　51
技術移転機関　163
キャパシティ・ビルディング　5
局地的経済圏　22

金融商品　64
クアラルンプール国際空港　24, 31, 137
クアラルンプール・シティ・センター　136
クライ・オイルパーム・エステート　103
グラス・スティーガル法　78
クラスター　5
クラン港　123
クランバレー　20
クルーグマン（Krugman, P.）　98
グレーター・クアラルンプール　139
経済改革プログラム　138
経済グローバル化　1
経済災害　7, 172
経常収支　119
厳格度指数　87
研究・技術革新・企業計画　134
原油先物取引市場　69
工業化マスタープラン　20, 105, 108
後発性の利益　26
合弁会社　28
コーズウェイ　124
ゴールドマン・サックス　64
子会社　28
国際調達事務所　21
国際投機筋　41
国際保健規則　86
国内総生産　15
国民経済再生計画　95
国民経済刺激策　95
国民車　19
国民総所得　85
コタバル　14
国家開発計画　135
国家開発政策　23
国家回復計画　54
国家科学技術計画　131
国家科学技術研究庁　131
国家科学技術庁　131
国家技術計画　131
国家知的財産権戦略要綱　151

国家ビジョン計画　135
ゴム　14
コロナショック　89, 169
コンテナ　121

さ行

災害　172
災害対策基本法　176
災害誘因　172
再証券化商品　66
債務担保証券　66
サブプライム問題　67
サブプライムローン　64
産業競争力委員会　146
産業競争力についての大統領委員会　146
産業クラスター　131
資源活用型産業　113, 138
資産担保証券　66
シジョリー・トライアングル　31
シニア債　66
資本集約型工業　19, 131
ジャンク債　79
重化学工業　19
従属人口　82
住宅バブル　64
住宅ローン担保証券　66
集団的学習　6
自由貿易地域　18
ジュロン地区　129
証券化　64
証券化商品　65
小農　103
所得格差　16
ジョホール　21
ジョホール・バル　140
ジョホール港　126
ジョホール−シンガポール経済特別区　127
新型コロナウィルス　86
シンガポール海峡　128
シンガポール・バイオメディカル・サイエンス・イニシアティブ　132
新経済政策　17
新経済モデル　138
人口ボーナス期　82
新産業マスタープラン　139
人的災害　176
信用収縮　68
信用補完　65
スーパー301条　148
錫　14
スタグフレーション　100
スタンダード＆プアーズ　66
生産性牽引型　24
生産年齢人口　82
製造業++　25
成長の三角形　21
政府改革プログラム　138
世界金融危機　70, 168
世界知的所有権機関　145
世界貿易機関　148
世界保健機関　86
セカンドリンク　124
石油危機　19, 104
セナイ空港　140
セナイ・スクダイ地区　140
セランゴール州経済開発公社　31
選択的第2次輸入代替工業化戦略　19

た行

第2次工業化マスタープラン　24
第2次長期展望計画　23, 123
第2次マレーシア計画　17
第3次工業化マスタープラン　113, 138
第3次長期展望計画　135
第5次マレーシア計画　17
第6次マレーシア計画　23
第7次マレーシア計画　23, 123, 136
第8次マレーシア計画　123, 136
第9次マレーシア計画　113, 123, 138
第10次マレーシア計画　138

第 11 次マレーシア計画　139
第 12 次マレーシア計画　139
大規模装置型工業　18
大数の法則　66
多国籍企業　1
ダナハルタ　54
ダナモダル　54
タンジュンペラパス港　124
タンジュンランサット港　126
地域統括本部　21
知識集約型経済　136
知識集約型産業　131
知的クラスター　5, 131
知的財産基本法　144
知的財産権　144
知的財産権戦略　149
中進国の罠　175
長期展望計画　17
直接投資　26
通貨バスケット方式　39
通商法 301 条　148
デフォルト　64
伝染　57
天然ゴム　102
トゥアス・バイオメディカル・パーク　132
投資銀行　64
投資牽引型　24
投資収支　75
投資促進法　20, 105
トータル・ビジネス・センター　21
特許　145
特許協力条約　144
トランシェ　65
トランスナショナルリサーチ　141
ドル高政策　40, 63
ドルペッグ制　39

な 行

内部信用補完　65
日米特許摩擦　149

ヌサジャヤ　140
ノンリコース・ローン　64

は 行

バーツ　39
バーツ売り　42
バーナンキ　100
パームオイル　103
パームオイル産業クラスター　113, 138
ハイイールド債　79
バイオエタノール　69, 79
バイオディーゼル　69, 106
バイオポリス　132
バイオメディカルクラスター　132
バイ・ドール法　163
ハザード　172
バタヴィア　30
バタム・インダストリアル・パーク　22
ハブ港　124
バブル崩壊　42
パラメスワラ　11
パリ条約　144
パリバ・ショック　70
パレンバン　11
繁栄の共有ビジョン　139
バンコク・オフショア・金融センター　39
パンデミック　86
東インド会社　30
非資源活用型産業　138
ビジネスモデル特許　150
ビジョン 2020　23
フィンテック　135
不可避な失業　99
複線型工業化戦略　18
フセイン・オン　17
不胎化介入　56
不動産セクター　42
プトラジャヤ　137
ブミプトラ政策　17
フュージョノポリス　132

プライムローン　64
プラザ合意　38
プランテーション　14
フルセット工業化　26
プロダクト・サイクルの圧縮　4
プロダクト・サイクル論　1
プロトン　18
プロパテント政策　146
ベア・スターンズ　70
米国特許戦略計画書　163
ヘッジファンド　41
変異株　86
変動相場制　42
ポーター（Porter, M.）　4
保税工場　18
ポルトガル　11

ま行

マジャパイト王国　30
マダニ経済政策　139
マハティール・ムハマド　17
マラケシュ協定　148
マラッカ王国　11
マラッカ海峡　128
マラヤ連合州（非連合州）　13
マラヤ連邦　15
マルク（モルッカ）諸島　30
マルチスケール　175, 176
マルチメディア開発公社　24
マルチメディア・スーパー・コリドー　24, 136
マレーシア・デジタル経済公社　138
マレーシア協定　15
マレーシア重工業公社　18
ムーディーズ　58, 66
メキシコ通貨危機　57
メザニン債　66
モノカルチャー経済　103
モラル・ハザード　60

や行

ヤングレポート　146
優先劣後構造　65
輸出加工区　18
輸入代替工業化戦略　17
ヨーロッパ中央銀行　70
ヨーロッパ特許条約　144
ヨーロッパ特許庁　144

ら・わ行

ラッフルズ　30
ラブアン・オフショア市場　50
リーマン・ショック　70
リーマン・ブラザーズ　64
リスク　172
リンギ　51
ルック・イースト政策　18
ルピア　43
レジリエンス　173
連邦準備制度理事会　63
連邦土地開発庁　104
労働集約型経済　136
ロックダウン　90
ロバート・ルービン　63
ワン・ノース地区　132